Christa Rolf

Weihnachtsideen aus Stoff

Christa Rolf

Weihnachtsideen aus Stoff

Patchwork, Applizieren und andere Nähtechniken

AUGUSTUS

Inhalt

Grundtechniken

Zuschnitt

Für einen maßgenauen Zuschnitt der Stoffe empfehlen sich Rollschneider, Schneidematte und ein durchsichtiges Schneidelineal. Eine gute Stoffschere erleichtert den Zuschnitt von Applikationen oder Rundungen. Der Zuschnitt sollte – sofern möglich – im geraden Fadenlauf erfolgen.

Gerade für einen Anfänger ist es sinnvoll, reine Baumwollstoffe zu verwenden. Diese sollten vor der Verarbeitung möglichst vorgewaschen und gebügelt werden.

Wenn aus einem einzigen Stück Stoff Streifen für die Ränder, Teile des Zentrums und/oder die Rückseite geschnitten werden sollen, überlegen Sie sich vorher, wie die Teile am besten ausgeschnitten werden. So stellen Sie sicher, daß Ihr Stoff auch ausreicht. Wenn nicht anders angegeben, schneiden Sie Streifen immer über die ganze Stoffbreite. Erst wenn die Streifen angenäht sind, sollten Sie sie auf die erforderliche Länge zurückschneiden.

Nähen

Sämtliche Modelle dieses Buches wurden mit einer Nahtzugabe von 0,75 cm gearbeitet. Die Stoffstücke werden rechts auf rechts gelegt und mit der Nähmaschine zusammengenäht.

Viele Nähmaschinen sind mit einem Standardfüßchen ausgerüstet, bei dem der Abstand zwischen Nadelposition und dem äußeren rechten Rand des Nähfüßchens (an dem der Stoff entlang läuft) 0,75 cm beträgt. Ob Ihre Maschine den richtigen Abstand hält, überprüfen Sie am besten, indem Sie ohne Garn auf Millimeterpapier nähen.

Sollte Ihre Maschine eine andere Nahtbreite aufweisen, können Sie sich behelfen, indem Sie entweder
- die Nadelposition verändern oder
- die Nahtzugabe von 0,75 cm mit einem bunten Klebestreifen auf Ihrer Maschine markieren.

Bei allen Patchworkarbeiten, die aus mehreren gleichen Blöcken bestehen, ist es empfehlenswert, mit dem Zuschnittmaß einen Probeblock zu nähen. So können Sie überprüfen, ob Sie die vorgegebenen Fertigmaße erreichen.

Beim Patchwork ist ein doppelter Stofftransport für die Genauigkeit sehr dienlich. Wenn Ihre Nähmaschine keinen Obertransportfuß besitzt, werden Sie bei der Exaktheit der Nähte Abstriche machen müssen. Eine leichte Verbesserung tritt aber ein, wenn Sie Qualitätsgarne verwenden.

Nach dem Nähen werden die Stoffstücke gebügelt. Bügeln Sie die Nähte nie auseinander, sondern immer in eine Richtung.

Berechnung der Nahtzugaben

Damit die Einzelteile nach dem Nähen die vorgesehene Größe haben, müssen Sie den Stoff mit Nahtzugaben zuschneiden. Nachfolgende Berechnungen sind beispielhaft auf der Basis eines Quadrates angelegt, das eine fertige Größe von 10 x 10 cm haben soll.
Nach Möglichkeit sollten die äußeren Kanten eines Patchworkblockes im geraden Fadenlauf gehalten sein, um ein Verziehen des Blockes zu vermeiden.
In den folgenden Zeichnungen ist der gerade Fadenlauf mit ←→, der schräge Fadenlauf mit ∿ bezeichnet.

Quadrat und Rechteck

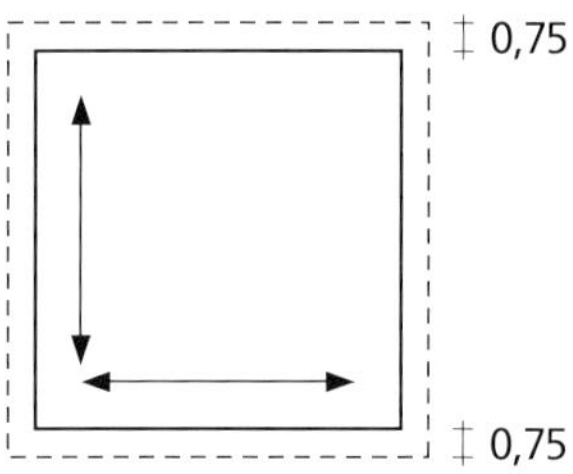

Nahtzugabe 1,5 cm (2 x 0,75 cm)
am Beispiel: 10 cm + 1,5 cm
Quadrat auf 11,5 x 11,5 cm zuschneiden.
Auch für Rechtecke beträgt die Nahtzugabe 1,5 cm.

Mein Tip

Wenn Sie die geviertelten Dreiecke zuschneiden, belassen Sie den Stoff in der ursprünglichen Lage auf Ihrer Schneidematte. Drehen Sie besser die Matte selbst, um den nächsten Schnitt anzusetzen. So vermeiden Sie, daß sich der Stoff verzieht.

Dreieck aus halbiertem Quadrat

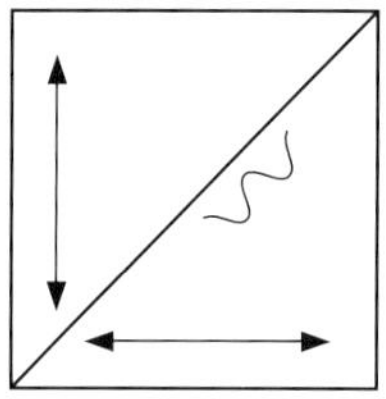

Nahtzugabe 2,5 cm (1,75 + 0,75 cm)
am Beispiel: 10 cm + 2,5 cm
Quadrat auf 12,5 x 12,5 cm zuschneiden, anschließend diagonal halbieren.

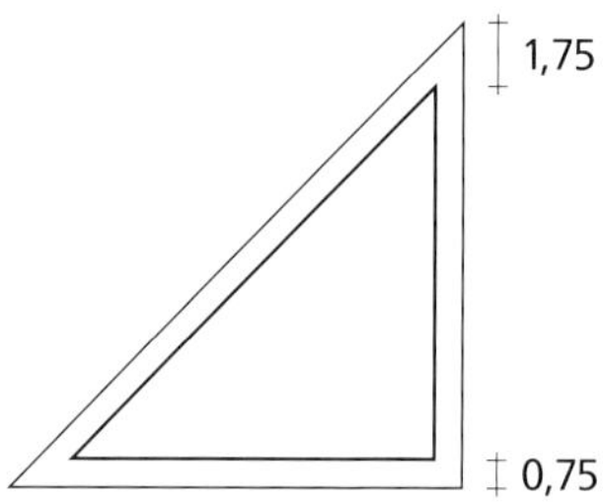

Dreieck aus gevierteltem Quadrat

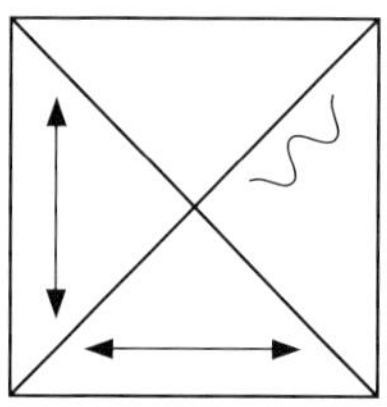

Nahtzugabe 3,5 cm (2 x 1,75 cm)
am Beispiel:
10 cm + 3,5 cm
Quadrat auf 13,5 x 13,5 cm zuschneiden, anschließend diagonal vierteln.

Rein rechnerisch ergibt sich bei einem geviertelten Quadrat eine Nahtzugabe von 3,5 cm. Praktisch ist es aber gerade für Anfänger empfehlenswert, darauf einen Sicherheitszuschlag von 0,25 cm zu rechnen, da die einzelnen Teile bei 3,5 cm tendenziell etwas zu klein geraten. Zugabe dann 3,75 cm.

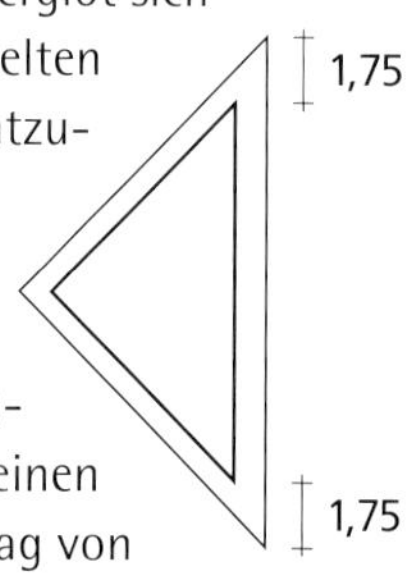

Quadrat im Quadrat

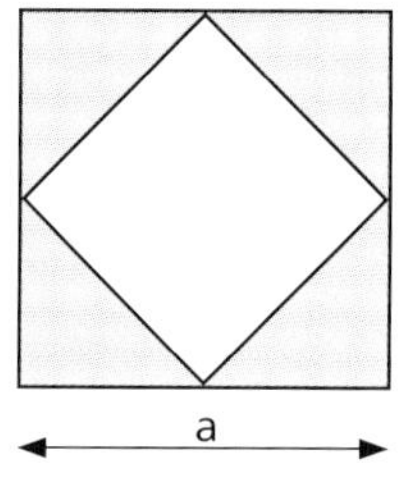

Der Block besteht aus einem Innenquadrat und vier daran angesetzten Dreiecken. Der komplette Block soll genäht 10 cm x 10 cm groß werden.
Die fertige Kantenlänge wird mit »a« bezeichnet. Der an den Kanten unvernähte Einzelblock muß bei 0,75 cm Nahtzugabe also eine Größe von 11,5 x 11,5 cm aufweisen, bevor er mit anderen Blocks zusammengesetzt wird.

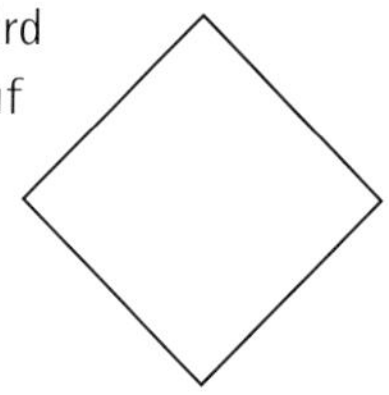

Das Innenquadrat wird im geraden Fadenlauf zugeschnitten.
Die Formel zur Berechnung der Zuschnittgröße lautet:

(Seitenlänge »a« : 1,4142) + 1,5 cm Nahtzugabe = Kantenlänge Innenquadrat

Bezogen auf das Beispiel bedeutet das:

(10 cm : 1,4142) + 1,5 cm =
8,57 cm Kantenlänge

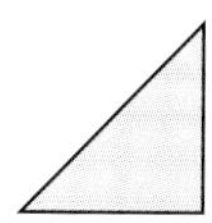

Für die vier Seitendreiecke werden zwei Quadrate diagonal halbiert. Dadurch ergibt sich an den kurzen Seiten ein gerader Fadenlauf. Die Formel zur Berechnung der Zuschnittgröße der beiden Quadrate lautet:

(Seitenlänge »a« : 2) + 2,5 cm Nahtzugabe = Kantenlänge

Bezogen auf das Beispiel bedeutet das:
(10 cm : 2) + 2,5 cm =
7,5 cm Kantenlänge

Verschiedene Nähtechniken

Connector-Ecken

Die Technik der Connector-Ecken eignet sich besonders, um kleine Dreiecke in die Ecken eines Quadrates zu setzen.

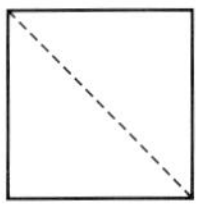

Dazu wird auf die Rückseite eines kleinen andersfarbigen Quadrates mit Bleistift die Diagonale eingezeichnet.

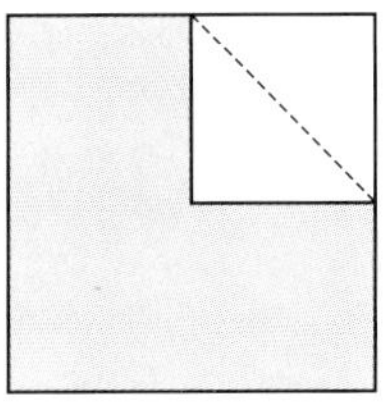

Das kleine Quadrat wird rechts auf rechts bündig auf eine Ecke eines großen Quadrates oder Rechteckes gelegt und anschließend entlang der eingezeichneten Diagonale angenäht.

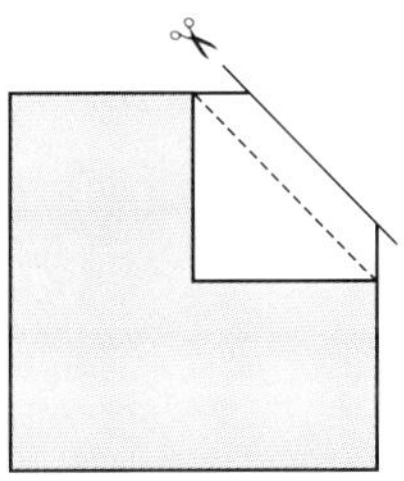

Das kleine Quadrat zum Dreieck falten und an der Naht umbügeln. Erst dann schneiden Sie den darunterliegenden Stoff bis auf die Nahtzugabe zurück.

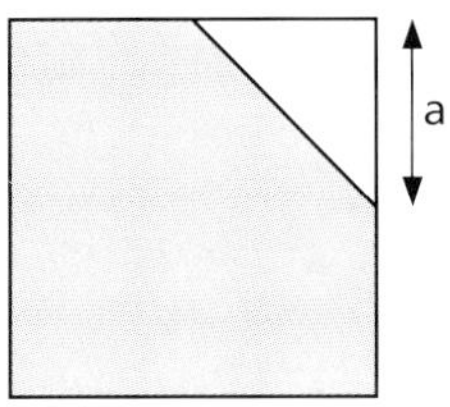

Die fertige Kantenlänge des Dreieckes wird mit »a« bezeichnet.

Zur Berechnung, in welcher Größe das kleine Eckquadrat zugeschnitten werden soll, dient die Kantenlänge »a« der kurzen Seite des kleinen Dreieckes, das an das große Quadrat oder Rechteck angesetzt werden soll. Zu der gewünschten Kantenlänge »a« wird 1,5 cm Nahtzugabe addiert.
Daraus ergibt sich das Zuschnittmaß des kleinen Quadrates.

Beispiel: a = 5 cm
5 cm + 1,5 cm = 6,5 cm.

Das Quadrat wird also 6,5 x 6,5 cm groß zugeschnitten.

Maschinenapplikation

Eine gerade für Anfänger einfache Nähtechnik, mit der sich schöne Effekte erzielen lassen, ist die Maschinenapplikation. Generell werden bei der Maschinenapplikation die einzelnen Motivteile in der endgültigen Größe ohne Nahtzugabe zugeschnitten.

Dabei entstehen offene Stoffkanten, die mit einem dichten Zick-Zack-Stich vor dem Ausfransen geschützt werden müssen. Die einzelnen Teile werden mit VLIESOFIX, einer beidseitig klebenden Aufbügelhilfe, auf dem Untergrund fixiert.

Die Einzelteile des Motivs werden nicht wie bei einem Puzzle aneinandergesetzt, sondern lagenweise übereinander verarbeitet (Prinzip: Dachziegel). Darum ist es sinnvoll, die obenliegenden Teile (zum Beispiel die Haare des Engels auf Seite 32) exakt auf Endmaß zu schneiden. Die darunterliegenden Teile (wie der obere Teil des Gesichtes des Engels) dagegen werden etwas größer zugeschnitten.

Die Maschinenapplikation wird in folgenden Arbeitsschritten gearbeitet: Zuerst wird jedes einzelne Teil des Motivs auf VLIESOFIX übertragen. Beachten Sie, daß das Motiv später seitenverkehrt zu der Vorlage erscheint! Die Teile ausschneiden und auf die linke Seite der zu applizierenden Stoffe bügeln. Stoff entlang des VLIESOFIX ausschneiden und das Trägerpapier entfernen.

Übertragen Sie dann die Linien der Vorlage auf eine Klarsichthülle. Mit diesem Hilfsmittel – die Klarsichthülle dient als »Überleger« – kann der exakte Sitz der Einzelteile überprüft werden. Erst wenn die Einzelteile der Applikation an die entsprechenden Stellen plaziert sind und alles paßt, den Überleger wegklappen und das Motiv auf den Trägerstoff aufbügeln.

Danach werden die aufgebügelten Teile mit Zick-Zack-Stich am Rand festgenäht. Damit das Nähen gelingt, gilt es einige Punkte zu beachten:
- Applikationsfuß einsetzen.
- Auf einem Probestück die Maschineneinstellung testen.
- Während des Nähens Stickvlies unter den Trägerstoff legen, damit wird ein besserer Transport gewährleistet.
- Farblich passendes Garn verwenden. Beste Ergebnisse erzielt man mit Maschinenstickgarn (z.B. von MADEIRA).
- Zick-Zack-Stich möglichst dicht einstellen (über die Stichlänge).
- Zick-Zack-Stich nicht zu breit wählen (über die Stichbreite).
- Oberfadenspannung etwas lösen.

Zuerst die Teile des Motivs mit Zick-Zack-Stich umranden, die im Motiv »unten« liegen (wie das Gesicht des Engels), dann die darüberliegenden Teile (wie die Haare des Engels).
Mit diesem zweiten Zick-Zack-Stich werden die Ansätze des ersten verdeckt. Nach Fertigstellung das Stickvlies entfernen.

Quilten

Vor dem Quilten müssen die einzelnen Lagen Ihres Werkstücks »montiert« werden. Das heißt, daß die einzelnen Lagen – meist bestehend aus Rückseitenstoff, Vlies und Top – übereinandergelegt werden. Üblicherweise legt man zunächst den Rückseitenstoff aus – rechte Seite nach unten. Darauf wird dann das Vlies gelegt. Zuletzt kommt das Top – rechte Seite nach oben. Danach werden die einzelnen Lagen »lose« miteinander verbunden. Zum Maschinenquilten geschieht dies mit Sicherheitsnadeln. Beim Handquilten ist es sinnvoll, die drei Lagen mit großen Stichen zusammenzuheften.

Jetzt kann mit dem eigentlichen Quilten begonnen werden. Bei vielen Modellen in diesem Buch wird einfach im Nahtschatten – also zwischen den Nähten des Tops – mit der Nähmaschine genäht.

Beim Quilten nach Vorlage benutzen Sie entweder eine gekaufte Schablone oder Sie fertigen selbst eine aus einem Stück Karton. Am besten übertragen Sie die Konturen der Vorlage mit einem Markierungsstift auf den Stoff. Danach quilten Sie mit feinen Stichen entlang der Linien.

Endeinfassung

Mit der Endeinfassung werden die drei Lagen eines Quilts versäubert. Bei Quilts mit geraden Ecken empfiehlt es sich, mit geraden Stoffstreifen zu arbeiten. Dadurch erhält der Rand einen gewissen Halt und er wird nicht wellig. Bei Quilts mit abgerundeten Ecken ist es sinnvoll, mit Schrägband zu arbeiten. Mit ihm kann man die Rundungen schön ausarbeiten.

Da gerade die Kante eines Quilts besonders beansprucht wird, arbeitet man die Endeinfassung meist aus doppelt gelegtem Stoff. Für eine schmale, füßchenbreite Endeinfassung werden vier 6,5 cm breite Streifen benötigt.

Schneiden Sie zunächst Rückseitenstoff und Vlies auf die Größe des Tops zurück.

Dann zwei Streifen passend zur Seitenlänge des Quilts schneiden. Die Einfassungsstreifen der Länge nach mittig falten (also auf 3,25 cm) und bügeln. Legen Sie zwei dieser Streifen – mit der offenen Seite nach außen – bündig an zwei gegenüberliegende Außenkanten der Quiltoberseite und stecken Sie sie fest. Füßchenbreit annähen.

Diese beiden Randeinfassungen so weit nach hinten umschlagen, daß die rückwärtige Naht verdeckt wird. Auf der Rückseite feststecken.

Schneiden Sie die zwei Streifen für die beiden anderen Seiten des Quilts 4 cm länger als die entsprechende Seitenlänge zu. Streifen ebenfalls mittig falten und bügeln; bündig an die anderen gegenüberliegenden Außenkanten des Quilts stecken. Links und rechts muß der Stoff 2 cm überstehen. Den Überstand um die Ecken herum, nach hinten schlagen und feststecken. Füßchenbreit annähen.

Die zwei angenähten Streifen ebenfalls nach hinten umschlagen und feststecken. Oft ist es empfehlenswert, in den Ecken die Nahtzugabe etwas zurückzuschneiden. Dann tragen die Ecken nicht so stark auf.

Nähen Sie die Randeinfassung hinten von Hand fest oder steppen Sie sie von der Quiltvorderseite mit der Maschine im Schatten der Naht.

Die Farbe der Endeinfassung kann ein wichtiges Kriterium für den Gesamteindruck sein. Einen eher ruhigen Eindruck erhält man, wenn die Endeinfassung aus dem gleichen Stoff gearbeitet wird wie der letzte Randstreifen. Eine belebende Wirkung erzielt man, wenn die Farbe zum letzten Randstreifen einen Kontrast bildet. Die Farbe des Endstreifens sollte jedoch in einer Beziehung zu den Stoffen stehen, aus denen der Quilt gearbeitet ist.

Die Symbole bei den Modellen geben den Schwierigkeitsgrad an:

❖	leicht
❖ ❖	mittel
❖ ❖ ❖	schwer

Debbie-Mumm-Karten

❖

Größe: nach Wunsch

Material

- ✓ 1 Streifen Debbie-Mumm-Stoff mit Weihnachtsmotiven
- ✓ braune Bastelwellpappe
- ✓ brauner Tonkarton

So wird's gemacht

Schneiden Sie aus dem Stoff die unterschiedlichen Weihnachtsmotive mit rundherum 1 cm Zugabe aus.

Legen Sie ein Motiv auf die Wellpappe und markieren Sie die gewünschte Kartengröße. Da es sich um Klappkarten handelt, müssen die Pappstücke mindestens doppelt so groß sein wie der Stoffzuschnitt.

Wenn die Karte später in einen Umschlag gesteckt werden soll, müssen Sie die Zuschnittgröße außerdem auf das Kuvert abstimmen. Verwenden Sie zum Ausschneiden einen Rollschneider mit alter Klinge und ein Schneidelineal. Zeichnen Sie auf der Karte die Mittel- bzw. Faltlinie ein und ritzen Sie sie vorsichtig von der Außenseite her an.

Auf der Karteninnenseite einen dem Motiv angepaßten Ausschnitt aufzeichnen. Markieren Sie zunächst die Ecken und verbinden Sie dann die Eckpunkte mit Bleistift und Lineal. Achten Sie darauf, daß die Kanten des Ausschnitts parallel zu den Kanten der Karte verlaufen. Schneiden Sie den Ausschnitt von der Rückseite mit dem Rollschneider aus.

Aus dem Tonkarton ein Stück zuschneiden, das etwas kleiner ist als die Wellpappe. Weihnachtsmotiv so von hinten auf die Pappe kleben, daß es mittig im Ausschnitt zu sehen ist. Dann den Karton in die Karte einkleben.

Mein Tip

Um den Kartenauschnitt gut plazieren zu können, empfiehlt es sich, den Stoff mit dem Weihnachtsmotiv von vorne auf die Karte zu legen und auszurichten. Dann mit einer Nadel die Eckpunkte für den Ausschnitt durchstechen. An den Nadelstichen können Sie später Ihre Bleistiftmarkierungen ausrichten.

Debbie-Mumm-Baumschmuck

Größe: etwa 13 cm hoch

Material
(für 10 Anhänger)

- ✓ 1 Streifen Debbie-Mumm-Stoff mit Weihnachtsmotiven
- ✓ 20 cm bordeauxroter Stoff für die Rückseiten
- ✓ 150 cm schmales, bordeauxrotes Satinbändchen
- ✓ 20 cm dickeres Vlies

So wird's gemacht

Aus dem Stoff die unterschiedlichen Weihnachtsmotive mit 0,75 cm Nahtzugabe ausschneiden. Aus dem bordeauxroten Rückseitenstoff entsprechende gegengleiche Stücke schneiden. Pro Anhänger ein Stück Satinband von 15 cm Länge schneiden.

Das Motiv rechts auf rechts auf den Rückseitenzuschnitt stecken, dabei das Satinband als Schlaufe, an der Oberseite nach innen, dazwischen legen. Dieses Set mit Stecknadeln auf einem Stück Vlies befestigen.

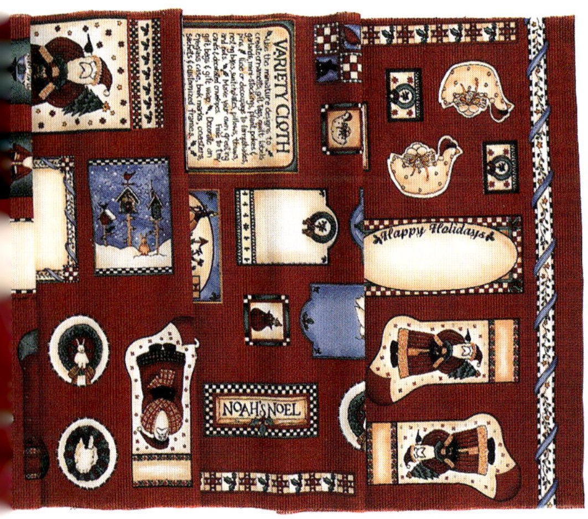

Ringsum füßchenbreit zusammennähen, dabei etwa 5 cm Naht zum Wenden geöffnet lassen. Das Vlies bis an die Naht zurückschneiden (bei den Stiefeln die Nahtzugabe der Stoffe in den Innenbögen bis an die Naht einschneiden). Anhänger wenden und die offene Naht von Hand schließen.

Geschenktasche mit Teddy

❖

Größe des Blocks: 18 x 23 cm
Nähtechnik: Courthouse Steps
(siehe auch Überraschungssäckchen »Mond und Sterne«, Seite 29)

Material

- ✓ 1 Mittelmotiv
- ✓ Reste von weißem, hellblauem und dunkelblauem Stoff
- ✓ 30 cm Stoff für die Rückseite, zum Verstürzen des Blocks
- ✓ 1 fertiger Einkaufsbeutel aus Nessel, ohne Aufdruck

So wird's gemacht

Das gewählte Motive mit ringsum 0,75 cm Nahtzugabe ausschneiden. Für die Umrandung insgesamt zwölf Streifen in 3,5 cm Breite zuschneiden.

Die Streifen in der Reihenfolge annähen, wie in unten stehender Grafik gezeigt. Dabei jeden Streifen erst nach dem Annähen auf die erforderliche Länge schneiden.

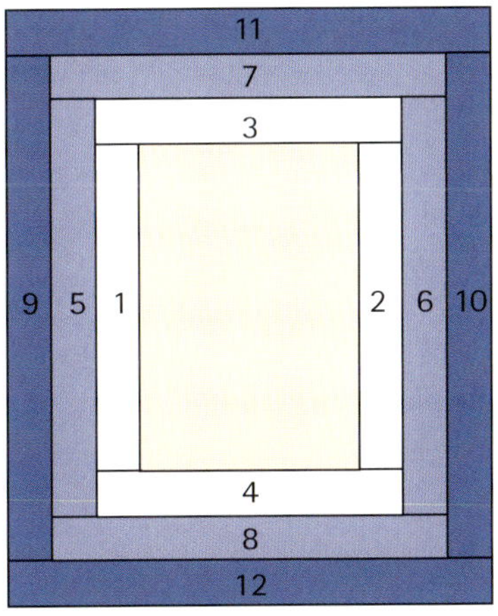

Den fertigen Block mit passend zugeschnittenem Rückseitenstoff verstürzen. Lassen Sie dabei an der unteren Kante etwa 7 cm Naht zum Wenden geöffnet. Wenden Sie den Block und schließen Sie die restliche Naht von Hand. Die obere Kante des verstürzten Blocks schmalkantig absteppen. Stecken Sie den Block auf die Einkaufstasche und nähen Sie ihn an den beiden seitlichen Kanten und an der Unterkante fest.

Advents-Set

Größe: 35,5 x 44,5 cm
Nähtechnik: Quadrate

Material
(für 4 Deckchen)

- ✓ Reste verschiedener weißer und naturfarbener Stoffe
- ✓ 20 cm goldfarbener Stoff
- ✓ 75 cm naturfarbener Uni-Stoff für äußeren Rand und Endeinfassung
- ✓ 80 cm Stoff für die Rückseite
- ✓ 80 cm dünnes Vlies

Angaben zum Stoffverbrauch basieren auf einer Stoffbreite von 140 cm.

So wird's gemacht

Schneiden Sie aus den weißen und naturfarbenen Stoffresten 6 x 6 cm große Quadrate. Pro Platzdeckchen werden 48 Quadrate benötigt. Legen Sie die Teile in sechs Reihen zu je acht Quadraten nebeneinander und arrangieren Sie sie nach Geschmack. Nähen Sie die acht Quadrate einer Reihe füßchenbreit (Nahtzugabe 0,75 cm) aneinander. Bei allen sechs Reihen die Nahtzugabe zu einer Seite umbügeln; dabei darauf achten, daß die Bügelrichtung der Nahtzugaben in jeder Reihe wechselt. Die sechs Reihen aneinandernähen.

Schneiden Sie für den schmalen Goldstreifen, der die Quadrate einfaßt, Streifen mit einer Breite von 2,5 cm zu. Für den äußeren, naturfarbenen Rand, werden 4,5 cm breite Streifen benötigt. Nähen Sie die Streifen in der unten gezeigten Reihenfolge an.

Die Streifen erst dann auf die erforderliche Länge schneiden, wenn sie angenäht sind.

Rückseitenstoff und Vlies etwas größer als das Top zuschneiden. Legen Sie zuerst den Rückseitenstoff aus, rechte Seite nach unten. Darauf werden das Vlies und das Top gelegt, rechte Seite nach oben. Stecken Sie alle 3 Lagen mit Sicherheitsnadeln zusammen und quilten Sie im Schatten der Nähte.
Vlies und Rückseitenstoff auf die Maße des Tops zurückschneiden und die Endeinfassung aus naturfarbenem Stoff anbringen (siehe Seite 8).

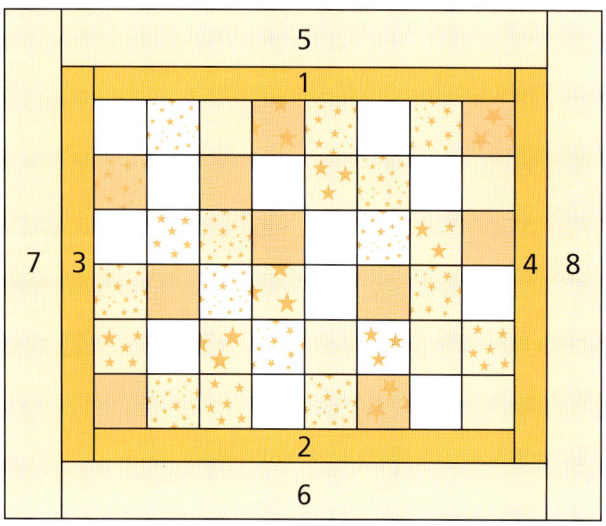

Mein Tip

Sie können die naturfarbenen Stoffe auch selber färben. Kochen Sie 100 g schwarzen Tee mit 2 Litern Wasser auf und lassen Sie den Tee 30 Minuten ziehen. Diesen Aufguß zuerst durch ein Sieb, dann durch eine Filtertüte oder ein altes Mulltuch gießen. Mit diesem Aufguß können Sie zwischen 1/2 und 1 Quadratmeter Stoff färben.
Geben Sie dazu den Stoff in die Waschmaschine. 95° Hauptwäsche starten; wenn der Wasserzulauf stoppt, den Tee in das Waschmittelfach gießen und mit etwas Wasser nachspülen. Den Waschgang durchlaufen lassen, anschließend bei 60° nachwaschen.
Wenn Sie den Stoff mit Tee gefärbt haben, das fertige Platzdeckchen möglichst nicht mit einem Waschmittel waschen, das optische Aufheller enthält – schonender ist ein Feinwaschmittel.

Sternenläufer

❖ ❖

Größe: 38 x 84 cm
Nähtechnik: Streifentechnik

Material

- ✓ 20 cm hellblauer Stoff mit kleinen Sternchen
- ✓ 20 cm hellblauer Stoff mit größeren Sternen
- ✓ 20 cm silberner Stoff
- ✓ 20 cm dunkelblauer Stoff
- ✓ etwa 20 cm Stoff mit großen Mittelmotiven
- ✓ 45 cm Stoff für die Rückseite
- ✓ 45 cm dünnes Vlies

Angaben zum Stoffverbrauch basieren auf einer Stoffbreite von 112 cm.

Diese Quadrate werden mit den Streifen zu nachfolgenden Sets zusammengesetzt.

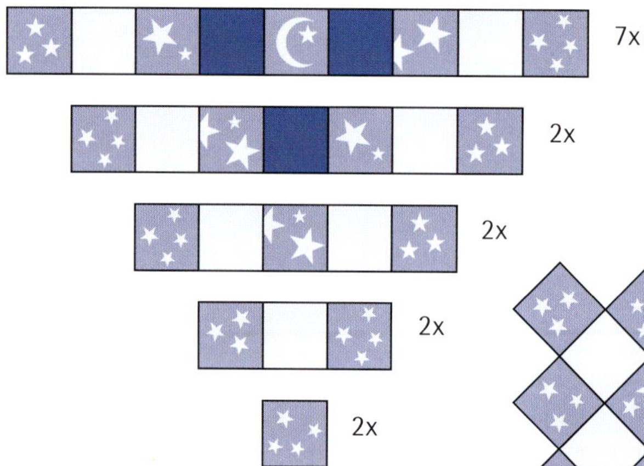

So wird's gemacht

Schneiden Sie aus dem hellblauen Stoff mit den kleinen Sternchen, dem Stoff mit den größeren Sternen, dem silbernen Stoff und dem dunkelblauen Stoff je zwei 7 cm breite Streifen. Nähen Sie nach dem folgenden Schema zwei Streifensets.

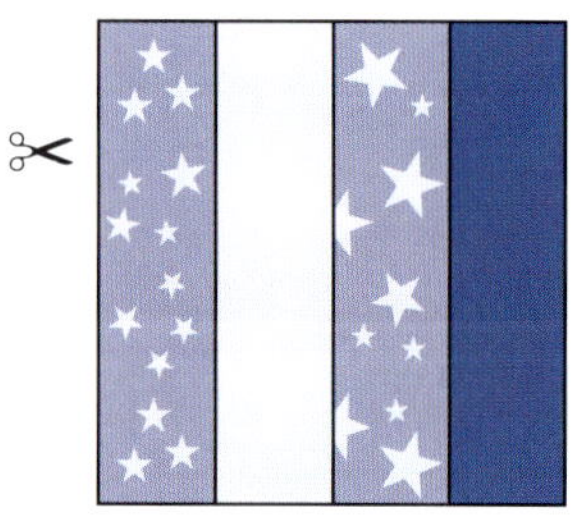

Von den Sets 24 Streifen in einer Breite von 7 cm abschneiden.

Nehmen Sie den Stoff mit den großen Mittelmotiven und schneiden Sie daraus sieben Quadrate à 7 x 7 cm zu. Achten Sie darauf, daß die großen Motive um 45° gedreht im Zentrum der Quadrate zu sehen sind.

Bei den Sets, die weniger als neun Quadrate aufweisen, werden die nicht benötigten Quadrate in der Naht abgetrennt.

Es ergeben sich insgesamt 15 Reihen, die, wie in der Grafik rechts gezeigt, zusammengesetzt werden. Dabei ist auf eine abwechselnde Verteilung der Mittelmotive zu achten.

Vor dem Zusammensetzen müssen Sie die einzelnen Sets bügeln. Achten Sie dabei darauf, daß die Bügelrichtung der Nahtzugabe in jeder Reihe wechselt. Nähen Sie Reihe an Reihe; beginnen Sie mit einem Einzelquadrat.

Die Rückseite wird durch eine quer verlaufende Mittelnaht geteilt. Dabei die Naht in der Mitte ca. 15 cm offen lassen, damit die Decke gewendet werden kann.

Stecken Sie das Vlies auf die linke Seite des Tops und schneiden Sie es passend zu. Die Stecknadeln noch nicht entfernen, damit beide Teile deckungsgleich bleiben!

Legen Sie die Rückseite vor sich, rechte Seite nach oben. Die Einheit aus Top und Vlies darauflegen, Top nach unten und Vlies nach oben. Stecken Sie die drei Lagen zusammen und nähen Sie sie dann füßchenbreit am Rand.

Schneiden Sie am Rand die Innenecken bis an die Naht ein und die Außenecken etwas zurück (siehe Grafik).

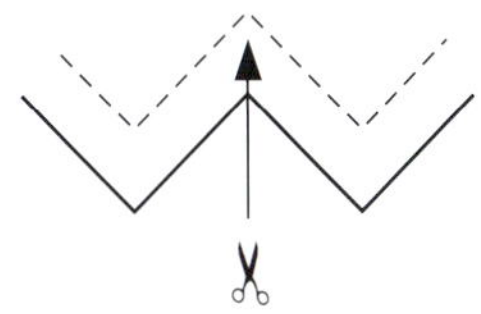

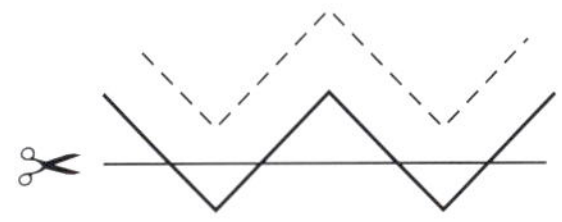

Alle Stecknadeln entfernen. Durch die Öffnung den Quilt wenden und die Naht von Hand schließen. Quilten Sie den Tischläufer im Nahtschatten.

Prachtvolle Schmuckschleife

❖ ❖

Größe: 143 x 12 cm
Nähtechnik: Streifentechnik/Seminole

Material

- ✓ 50 cm naturfarbener Stoff mit goldenen Sternen (Bedarf inkl. des Rückseitenstoffes)
- ✓ 20 cm weißer Stoff
- ✓ 10 cm goldfarbener Stoff
- ✓ 20 cm Vlies
- ✓ 1 Goldring als Aufhänger, Durchmesser ca. 1,5 cm

Angaben zum Stoffverbrauch basieren auf einer Stoffbreite von 140 cm.

So wird's gemacht

Schneiden Sie aus dem naturfarbenen Stoff zwei und aus dem weißen Stoff einen 5 cm breiten Streifen zu. An den weißen Streifen längsseits die beiden naturfarbenen Streifen annähen. Von diesem Set 27 Streifen à 5 cm Breite abschneiden.

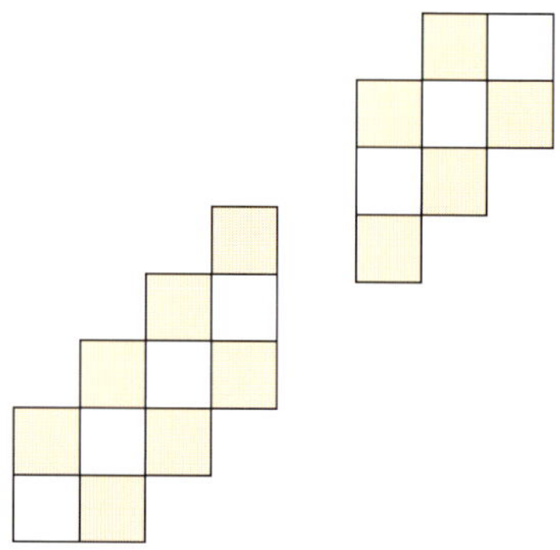

Die Einzelstreifen nach dem in der Grafik gezeigten Schema zusammensetzen. Bei den beiden Endstücken wird jeweils ein naturfarbenes Stoffquadrat abgetrennt.

Achten Sie darauf, daß die Bügelrichtung der Nahtzugabe in jeder Reihe wechselt. Nach dem Zusammensetzen alle Nahtzugaben in eine Richtung bügeln.

Die Spitzen der naturfarbenen Quadrate müssen an beiden Längsseiten abgeschnitten werden. Von den Spitzen der weißen Quadrate aus gerechnet muß eine Nahtzugabe von 0,75 cm stehen bleiben (siehe Grafik).

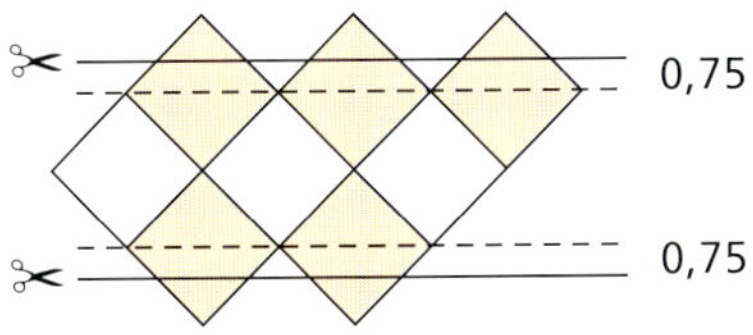

Schneiden Sie für die Umrandungen aus dem goldfarbenen und aus dem weißen Stoff Streifen mit einer Breite von 2,5 cm und aus dem naturfarbenen Stoff 3,5 cm breite Streifen. Nähen Sie die Streifen nach der in der Grafik gezeigten Reihenfolge an; darauf achten, daß die äußeren Längskanten des Tischbandes, die nach dem Zurückschneiden im schrägen Fadenlauf sind, nicht ausgedehnt werden.

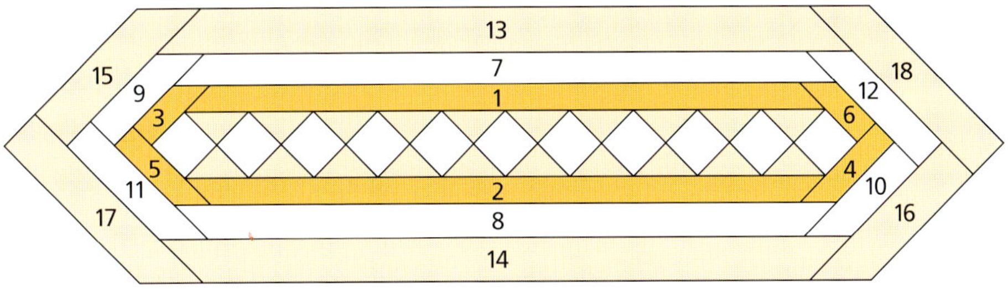

Schneiden Sie das Vlies und den naturfarbenen Stoff für die Rückseite etwas größer zu als das Top. Alle drei Lagen aufeinanderstecken: Zuerst das Vlies, darauf den Rückseitenstoff, rechte Seite oben, darauf das Top, rechte Seite unten. Nähen Sie alle drei Lagen am Rand füßchenbreit zusammen, dabei an einer Längsseite 15 cm Naht zum Wenden offen lassen.

Vlies und Rückseitenstoff auf die Größe des Tops zurückschneiden. Schleife wenden und die noch offene Naht von Hand schließen. Im Nahtschatten quilten.

Legen Sie das fertige Band zu einer Schleife und binden Sie diese mit einem Nylongarn zusammen. Den Bindepunkt mit einem naturfarbenen Stoffstreifen verdecken. Dazu schneiden Sie ein 14 x 5 cm großes Stück Stoff zu. Der Länge nach rechts auf rechts legen und füßchenbreit zusammennähen. Wenden Sie den Stoff und schließen Sie die kurzen Seiten von Hand.
Über den Kreuzungspunkt der Schleife legen und rückwärtig mit einigen Stichen befestigen. Auf der Rückseite der Schleife den Goldring zum Aufhängen annähen.

Variante: Festliches Tischband

❖ ❖
Größe: 168 x 12 cm
Nähtechnik:
Streifentechnik/Seminole

Material

- ✓ 60 cm naturfarbener Stoff (Bedarf inkl. des Rückseitenstoffes)
- ✓ 30 cm weißer Stoff
- ✓ 15 cm goldfarbener Stoff
- ✓ 2 goldfarbene Troddeln

Angaben zum Stoffverbrauch basieren auf einer Stoffbreite von 140 cm.

Das Tischband wird nach dem gleichen Prinzip gearbeitet wie die Schleife. Aufgrund der größeren Länge werden jedoch zwei Streifensets benötigt, jeweils bestehend aus einem 5 cm breiten weißen Streifen in der Mitte und zwei 5 cm breiten naturfarbenen Streifen außen. Von diesen Sets schneiden Sie 32 Streifen à 5 cm Breite ab.
Die längeren Randstreifen aus zwei aneinandergesetzten Streifenstücken fertigen.
Die Fertigstellung erfolgt wie bei der Schleife, jedoch nur zweilagig ohne Vlies. Anschließend an den Spitzen die beiden goldfarbenen Troddeln annähen.

Adventskalender

Größen: groß = 12 cm hoch, mittelgroß = 10 cm hoch, klein = 7 cm hoch
Nähtechnik: Streifentechnik

Material

- ✓ 60 cm champagnerfarben-goldgemusterter Stoff
- ✓ 35 cm goldfarbener Stoff
- ✓ 150 cm champagnerfarbener Stoff (inkl. Futterstoff)
- ✓ 3,5 m dicke Goldkordel
- ✓ 5,5 m dünne Goldkordel

Angaben zum Stoffverbrauch basieren auf einer Stoffbreite von 140 cm.

So wird's gemacht

Große Täschchen

Schneiden Sie für die Täschchen Streifen in 6 cm Breite zu:

- 4 mal aus champagnerfarben-goldgemustertem Stoff
- 2 mal aus goldfarbenem Stoff
- 2 mal aus champagnerfarbenem Stoff

Nähen Sie die Streifen zu zwei gleichen Sets in folgender Reihenfolge zusammen:

- champagner-gold
- gold
- champagner
- champagner-gold.

Bei dem ersten Set alle Nahtzugaben nach oben, bei dem zweiten Set alle Nahtzugaben nach unten bügeln. Von jedem Set 16 Streifen in 6 cm Breite abschneiden.

Außenteil und Futter entlang der oberen Zackenkante, rechts auf rechts, füßchenbreit zusammennähen. Dabei die Henkel mitfassen.

Schneiden Sie am Rand die Innenecken bis an die Naht ein und die Außenecken etwas zurück (siehe Grafik).

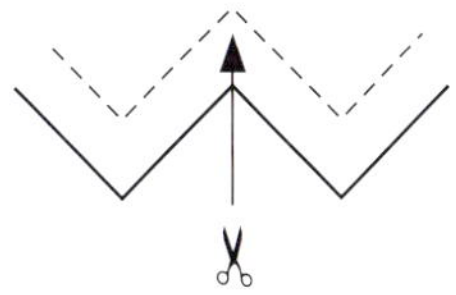

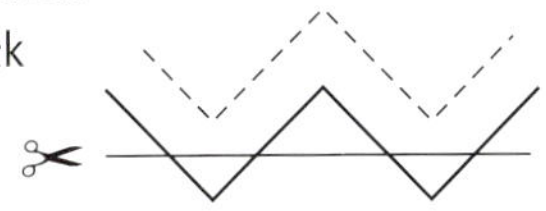

Jeweils vier Teile nach dem in der Grafik gezeigten Schema zusammensetzen. Dabei wechselt die Bügelrichtung der Nahtzugabe: oben, unten, oben, unten.

Falten Sie den Stoff zusammen und schließen Sie dann am Außenteil die Seitennaht rechts auf rechts. Ebenso mit dem Futterstoff verfahren, jedoch in der Mitte der Seitennaht 5 cm zum Wenden geöffnet lassen.

Legen Sie die acht Blöcke rechts auf rechts auf den Futterstoff und schneiden Sie diesen entsprechend groß zu. Dabei auf einen geraden Fadenlauf entlang der Seitennaht achten.
Jedes der 8 Täschchen erhält zwei Henkel aus dicker Goldkordel.
Die Kordelstücke sind 20 cm lang.

Legen Sie die Kordelstücke nach innen zwischen Futter und Außenteil.
Die Enden der Kordel müssen an den Spitzen der champagnerfarben-goldgemusterten Quadrate austreten.

Mein Tip

Schützen Sie die Enden der Kordel mit einem Tropfen UHU vor dem Ausfransen.

Das Verschließen der Bodennaht erfolgt bei Außen- und Futterteil auf die gleiche Weise:
Legen Sie das Säckchen so vor sich, daß jeweils zwei Zacken aufeinanderliegen. Verschließen Sie die Nähte, wie auf der Grafik zu sehen ist.
Dabei an den Spitzen (= 0,75 cm vor dem Nahtende) stoppen und die Naht kurz verriegeln.

Dann die geschlossenen Nähte übereinanderlegen und von außen bis zum inneren Kreuzungspunkt nähen.

Täschchen wenden und die offene Naht von Hand verschließen.

Mittelgroße Täschchen

Schneiden Sie folgende Streifen in 5 cm Breite zu:

- 4 mal aus champagnerfarben-goldgemustertem Stoff
- 2 mal aus goldfarbenem Stoff
- 2 mal aus champagnerfarbenem Stoff

Fertigen Sie die mittelgroßen Säckchen ebenso wie die großen, jedoch müssen Sie die 32 Streifen in nur 5 cm Breite abschneiden.
Für die Henkel benötigen Sie 16 Teile von der dünneren Goldkordel in einer Länge von 18 cm.

Kleine Täschchen

Schneiden Sie folgende Streifen in 4 cm Breite zu:

- 2 mal aus champagnerfarben-goldgemustertem Stoff
- 1 mal aus goldfarbenem Stoff
- 1 mal aus champagnerfarbenem Stoff

Die kleinen Säckchen werden wie die großen und mittelgroßen gefertigt.
Sie benötigen jedoch nur ein Streifenset. Das Set in der Mitte halbieren, so daß zwei gleiche Setteile entstehen.
Die Nahtzugaben bei einem Set nach oben, bei dem anderen Set nach unten bügeln.
Schneiden Sie jeweils 16 Streifen in 4 cm Breite ab.
Von der dünneren Goldkordel werden 16 Stücke à 15 cm benötigt.

Tischläufer mit zwei Sternen

Größe: 45 x 81 cm
Nähtechnik: Dreiecke aus halbierten Quadraten

Material

- ✓ 40 cm grün-beige gemusterter Stoff
- ✓ 30 cm grüner Uni-Stoff
- ✓ 30 cm heller Uni-Stoff
- ✓ 50 cm Rückseitenstoff
- ✓ 50 cm dünnes Vlies

Angaben zum Stoffverbrauch basieren auf einer Stoffbreite von 110 cm.

So wird's gemacht

Schneiden Sie für die Sterne den Stoff wie folgt zu:

- grün-beige gemusterter Stoff
  8 Quadrate à 11,5 x 11,5 cm, diese dann diagonal halbieren
- grüner Stoff
  8 Quadrate à 11,5 x 11,5 cm, diese dann diagonal halbieren
- heller Stoff
  8 Quadrate à 11,5 x 11,5 cm, diese dann diagonal halbieren
- heller Stoff
  8 Quadrate à 10,5 x 10,5 cm

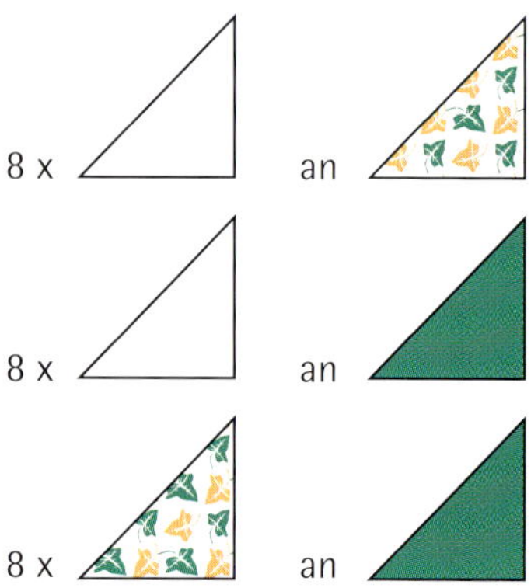

Die insgesamt 48 Dreiecke nach dem in der Grafik gezeigten Schema entlang der Diagonale füßchenbreit zusammennähen.

Die so entstandenen 24 Quadrate mit den acht hellen Quadraten zusammensetzen.
Dabei zuerst die pro Reihe benötigten vier Quadrate verbinden, dann die acht Reihen zusammennähen.
Darauf achten, daß die Bügelrichtung der Nahtzugaben in jeder Reihe wechselt. Für den grünen Rand schneiden Sie Streifen in 6,5 cm Breite zu. Zuerst die Streifen an die Längsseiten, dann die kurzen Streifen an die Querseiten nähen.

Rückseitenstoff und Vlies etwas größer als das Top zuschneiden. Zuerst den Rückseitenstoff auslegen, rechte Seite nach unten. Darauf kommt das Vlies und darauf das Top, rechte Seite nach oben. Alle drei Lagen mit Sicherheitsnadeln zusammenstecken und im Nahtschatten mit der Maschine quilten.

Schneiden Sie Vlies und Rückseitenstoff auf die Größe des Tops zurück und bringen Sie eine Endeinfassung aus dem grün-beige gemusterten Stoff an (siehe Seite 8).

Blau-weiße Tischdecke

❖ ❖

Größe: 73 x 73 cm
Nähtechnik: Dreiecke aus halbierten Quadraten

Material

- ✓ 50 cm hellblau-gemusterter Stoff mit Sternen
- ✓ 50 cm dunkelblauer Stoff
- ✓ 45 cm weißer Stoff (inkl. der Endeinfassung)
- ✓ 80 cm Rückseitenstoff
- ✓ 80 cm dünnes Vlies
- ✓ Metallicgarn (z.B. Spectral Silber von MADEIRA)

Angaben zum Stoffverbrauch basieren auf einer Stoffbreite von 110 cm.

So wird's gemacht

Schneiden Sie für das Mittelstück folgende Teile zu:

- hellblau-gemusterter Stoff
  1 Quadrat à 29,5 x 29,5 cm
- hellblau-gemusterter Stoff
  4 Quadrate à 16,5 x 16,5 cm, diese dann diagonal halbieren
- dunkelblauer Stoff
  4 Quadrate à 16,5 x 16,5 cm, diese dann diagonal halbieren
- dunkelblauer Stoff
  4 Quadrate à 15,5 x 15,5 cm

Mein Tip

Zum Schneiden größerer Teile, die über die 15 cm Breite des Schneidelineals hinausgehen, arbeiten Sie am besten mit zwei aneinander gelegten Linealen.

Nähen Sie nun jeweils ein hellblau gemustertes mit einem dunkelblauen Dreieck entlang der Diagonale füßchenbreit zusammen; insgesamt acht Quadrate nähen. Diese mit den restlichen Quadraten wie in der Grafik gezeigt zusammennähen.
Dabei die Nähte mit dem Fingernagel ausstreichen und nicht bügeln, da sonst die Gefahr besteht, daß sich die Nähte verziehen und die Quadrate anschließend nicht exakt passen.

Rückseitenstoff und Vlies etwas größer als das Top zuschneiden. Zuerst den Rückseitenstoff auslegen, rechte Seite nach unten, darauf das Vlies und darauf das Top legen, rechte Seite nach oben. Stecken Sie alle drei Lagen mit Sicherheitsnadeln zusammen. Im Schatten der Naht und im Innenbereich des Sterns mit Metallicgarn quilten (siehe Foto). Auf den dunkelblauen Flächen werden von Hand Sterne gequiltet.

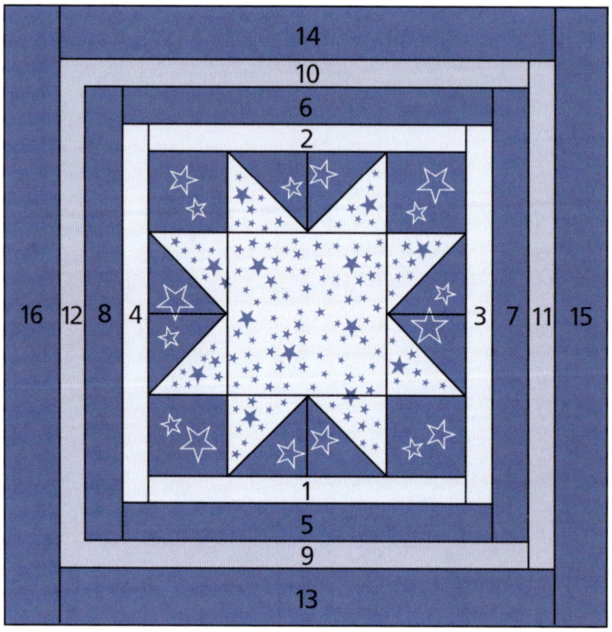

Für den Rand je vier Streifen in folgenden Breiten zuschneiden:

- weißer Stoff 2,5 cm
- dunkelblauer Stoff 4,0 cm
- hellblau-gemusterter Stoff 2,5 cm
- dunkelblauer Stoff 6,0 cm

Nähen Sie die Streifen in der in der Grafik gezeigten Reihenfolge an das Mittelmotiv.

Dazu das Quiltmuster kopieren, auf festen Karton kleben, ausschneiden und die Umrisse mit Markierungsstift auf den Stoff übertragen.

Zum Schluss Vlies und Rückseitenstoff auf die Maße des Tops zurückschneiden und die Endeinfassung aus weißem Stoff anbringen (siehe Seite 8).

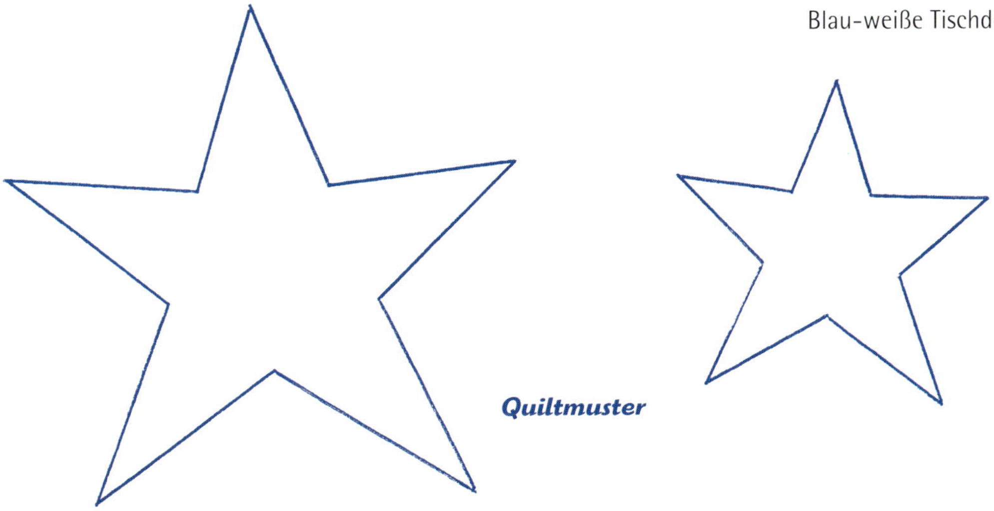

Quiltmuster

Tischdecke »Ohio-Star«

❖ ❖

Größe: 81 x 81 cm
Nähtechnik: Dreiecke aus geviertelten Quadraten

Material

✓ 60 cm grüner Stoff
✓ 40 cm roter Stoff
✓ 50 cm gemusterter Stoff
✓ 90 cm Rückseitenstoff
✓ 90 cm Vlies

Angaben zum Stoffverbrauch basieren auf einer Stoffbreite von 110 cm.

So wird's gemacht

Für den Stern im Zentrum die Stoffe wie folgt zuschneiden:

- grüner Stoff
  4 Quadrate à 21,5 x 21,5 cm
- grüner Stoff
  1 Quadrat 23,75 x 23,75 cm, dieses dann diagonal vierteln
- gemusterter Stoff
  1 Quadrat 21,5 x 21,5 cm
- gemusterter Stoff
  2 Quadrate 23,75 x 23,75 cm, diese dann diagonal vierteln
- roter Stoff
  1 Quadrat 23,75 x 23,75 cm, dieses dann diagonal vierteln

Setzen Sie zuerst jeweils zwei Dreiecke an den kurzen Seiten zusammen. Dabei die Nähte möglichst nur mit dem Fingernagel ausstreichen und nicht bügeln, da sonst die Gefahr besteht, daß sich die Nähte im schrägen Fadenlauf verziehen.

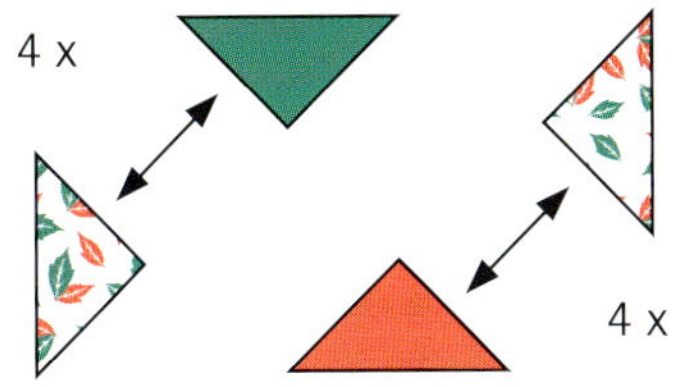

Dann die so entstandenen Dreiecke an den Längsseiten zusammennähen.

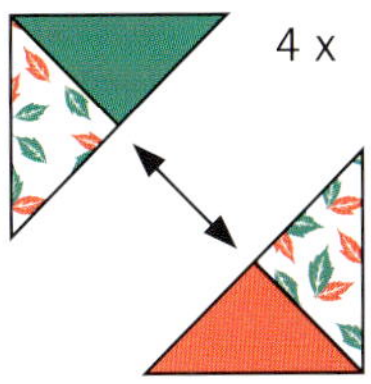

Die Quadrate zu drei Reihen zusammensetzen; an der Grafik orientieren.

Den Stoff bügeln und diese Reihen anschließend aneinandernähen. Achten Sie dabei darauf, daß die Bügelrichtung der Nahtzugabe in jeder Reihe wechselt.

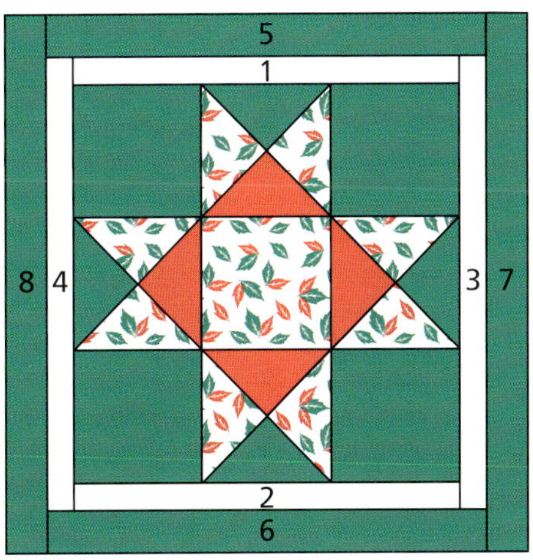

Schneiden Sie für den Rand jeweils vier Streifen in folgenden Breiten zu:

- gemusterter Stoff 4,5 cm
- grüner Stoff 9,0 cm

Die Streifen in der Reihenfolge annähen, wie in unten stehender Grafik beschrieben.

Schneiden Sie den Rückseitenstoff und das Vlies etwas größer als das Top zu und montieren Sie die drei Lagen.

Im Nahtschatten quilten. Im Mittelquadrat einige Motiv-Umrisse des Stoffmusters von Hand quilten. Die vier grünen Quadrate in den Ecken werden ebenfalls von Hand gequiltet. Für das Quiltmuster die Vorlage kopieren, auf festen Karton aufkleben und entlang der Linien ausschneiden. Übertragen Sie die Umrisse mit einem Markierungsstift auf den Stoff.

Vlies und Rückseitenstoff auf die Maße des Tops zurückschneiden und die Endeinfassung aus rotem Stoff anbringen (siehe Seite 8).

Quiltmuster

Wandbehang mit Weihnachts-Teddys

❖ ❖ ❖

Größe: 63 x 63 cm
Nähtechnik: Connector-Ecken

Material

- ✓ etwa 1 m blaugemusterter Stoff mit kleinen Teddys
- ✓ 50 cm dunkelblauer Stoff (inkl. Endeinfassung)
- ✓ 30 cm gelber Stoff
- ✓ 70 cm Vlies
- ✓ 1 m Rückseitenstoff (inkl. Stoffbedarf für zwei Aufhängetunnel)
- ✓ Quiltschablone

Angaben zum Stoffverbrauch basieren auf einer Stoffbreite von 140 cm.

So wird's gemacht

Schneiden Sie aus dem Stoff mit den kleinen Teddys 16 Quadrate von 8,5 x 8,5 cm mit Einzelmotiven zu. Achten Sie dabei darauf, daß die Motive nicht in den Bereich der Nahtzugabe hineinlaufen, also maximal ein Feld von 7 x 7 cm füllen.

Für die blaugemusterten Zwischenstücke 24 Rechtecke von 8,5 x 5 cm zuschneiden. Schneiden Sie aus dem gelben Stoff 72 kleine Quadrate von 3,25 x 3,25 cm für die Connector-Ecken zu. Zeichnen Sie mit Bleistift auf den Rückseiten der gelben Quadrate jeweils eine Diagonale ein.
Für die Sternenmitte aus dem gelben Stoff neun Quadrate von 5 x 5 cm zuschneiden.

Bringen Sie an zwölf Rechtecken jeweils zwei gelbe Connector-Ecken an (siehe Seite 7). Die Ecken müssen sich an einer kurzen Seite gegenüberliegen.

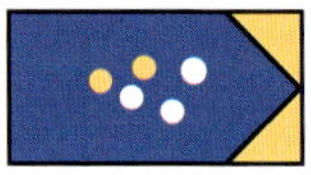

An den restlichen zwölf Rechtecken vier Connector-Ecken anbringen.

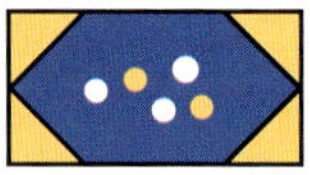

Gehen Sie beim Zusammensetzen der einzelnen Teile Reihe für Reihe vor. Nähen Sie zuerst die vier Motivreihen, und setzen Sie dann die drei schmalen Trennstreifen zusammen. Orientieren Sie sich an der Grafik.

Vernähen Sie die sieben Reihen gemäß dem Schema. Achten Sie darauf, daß die Bügelrichtung der Nahtzugabe in jeder Reihe wechselt.

Für den Rand jeweils vier Streifen in folgenden Breiten zuschneiden:
- gelber Stoff 3,5 cm
- dunkelblauer Stoff 11,5 cm

Die Randstreifen in der gleichen Reihenfolge wie bei dem Advents-Set auf Seite 12 annähen.

Schneiden Sie Vlies und Rückseitenstoff etwas größer als das Top zu. Zuerst den Rückseitenstoff auslegen, rechte Seite nach unten, darauf das Vlies und das Top legen, rechte Seite nach oben.

Zum Handquilten empfiehlt es sich, die drei Lagen nicht mit Sicherheitsnadeln zusammenzustecken, sondern die Lagen mit großen Stichen zu heften. Verwenden Sie für das Quiltmuster im Rand eine fertige Quiltschablone.

Schneiden Sie nach dem Quilten Vlies und Rückseitenstoff auf die Maße des Tops zurück und bringen Sie die Endeinfassung an.

Auf der Rückseite des Wandbehanges oben und unten je einen Tunnel für die Aufhängung befestigen.

Überraschungssäckchen

Sternensäckchen

❖ ❖ ❖

Größe des Motivs: 14 x 14 cm
Nähtechnik: variabler Stern

Material

✓ 20 cm weißer Stoff
✓ 10 cm naturfarben gemusterter Stoff
✓ 40 cm Rupfenstoff
✓ 75 cm weiße Kordel

Angaben zum Stoffverbrauch basieren auf einer Stoffbreite von 140 cm.

So wird's gemacht

Schneiden Sie für den Block folgende Teile zu:

- weißer Stoff
  1 Quadrat 5,75 x 5,75 cm
- weißer Stoff
  4 Quadrate 5,5 x 5,5 cm,
  diese dann diagonal halbieren
- naturfarbener Stoff
  4 Quadrate 4,5 x 4,5 cm
- naturfarbener Stoff
  6 Quadrate 5,5 x 5,5 cm,
  diese dann diagonal halbieren

Zuerst werden an die vier Seiten des großen weißen Quadrats vier naturfarbene Dreiecke mit den Längsseiten füßchenbreit angenäht.

Nähen Sie dann achtmal jeweils ein weißes und ein naturfarbenes Dreieck entlang der Diagonale zu einem Quadrat zusammen.

Setzen Sie diese acht Quadrate mit dem großen Mittelblock und den naturfarbenen Quadraten zusammen (siehe Grafik rechts oben).

Schneiden Sie aus dem weißen Stoff vier etwa 20 cm lange und 2,5 cm breite Streifen und nähen Sie diese ringsum an den Block. Den ganzen Block mit einem entsprechend groß zugeschnittenen Rückseitenteil aus weißem Stoff rechts auf rechts verstürzen. Lassen Sie an einer Seite die Naht etwa 5 cm offen. Anschließend den Block durch die Öffnung wenden und die restliche Naht von Hand schließen.

Für das Säckchen ein Stück Rupfen auf 32 x 86 cm zuschneiden. Den Block, wie in der Grafik zu sehen, mittig feststecken und schmalkantig aufsteppen.

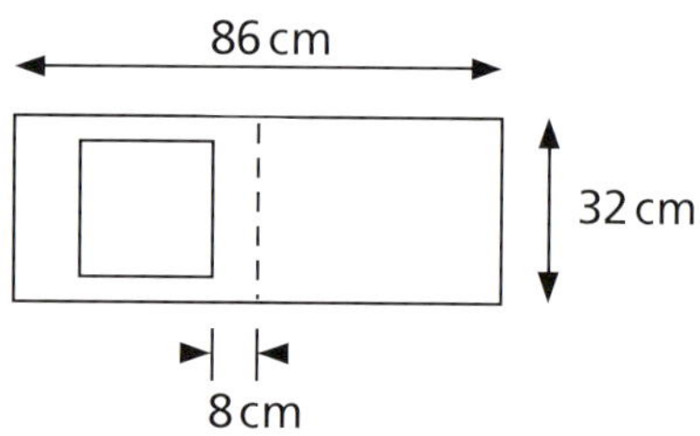

Den Stoff so zusammenlegen, daß der Stern verdeckt wird. Schließen Sie die Seitennähte. Säckchen wenden. Die obere Kante zwei mal etwa 1 cm nach innen legen und feststeppen. Zum Schluss die Kordel durch das grobe Gewebe des Rupfenstoffs ziehen.

Streifenblock

❖ ❖

Größe des Motivs: 9 x 9 cm
Nähtechnik: Log-Cabin

Bei dieser Variante des Log-Cabin-Blocks werden die Streifen nicht spiralförmig in Runden um ein Mittelquadrat genäht, sondern immer an zwei benachbarte Seiten. In diesem Fall spricht man von einem dezentralen Blockhaus bzw. Off-Center-Log-Cabin.

Material

- ✓ Reste von naturfarbenem Stoff
- ✓ Reste von weißem Stoff
- ✓ Reste von goldenem Stoff
- ✓ 25 cm Rupfenstoff
- ✓ 70 cm goldfarbene Kordel

Angaben zum Stoffverbrauch basieren auf einer Stoffbreite von 140 cm.

So wird's gemacht

Für den Block folgende Teile zuschneiden (die laufende Nummer gibt die Position des Streifens innerhalb des Blocks an):

Farbe	lfd. Nr.	Zuschnitt in cm	lfd. Nr.	Zuschnitt in cm
Weiß	1	3,5 x 3,5	-	-
Natur	2	2,5 x 3,5	3	2,5 x 4,5
Weiß	4	2,5 x 4,5	5	2,5 x 5,5
Gold	6	2,5 x 5,5	7	2,5 x 6,5
Weiß	8	3,5 x 6,5	9	3,5 x 8,5
Natur	10	2,5 x 8,5	11	2,5 x 9,5
Weiß	12	2,5 x 9,5	13	2,5 x10,5

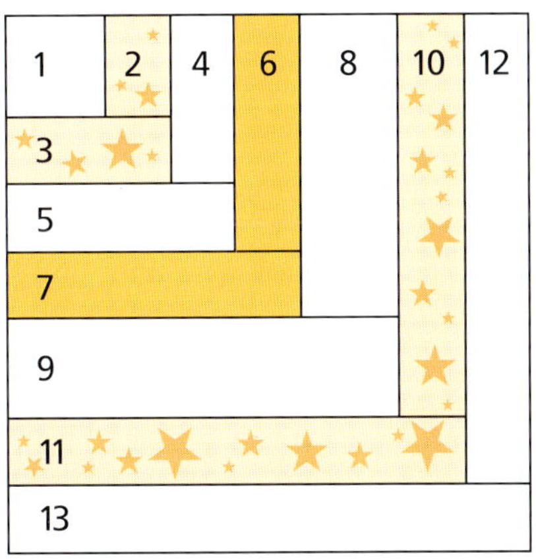

Nähen Sie die Streifen gemäß der in der Grafik angegebenen Reihenfolge zu einem Block zusammen.

Anschließend aus dem weißen Stoff ein Stück in Größe des Blocks ausschneiden. Vorder- und Rückteil rechts auf rechts verstürzen. Lassen Sie an einer Seite der Naht etwa 5 cm offen. Wenden Sie den Block durch diese Öffnung und verschließen Sie die restliche Naht von Hand.
Für das Säckchen ein 23 x 66 cm großes Stück Rupfen zuschneiden. Den Block wie auf der Grafik zu sehen mittig feststecken und schmalkantig aufsteppen.

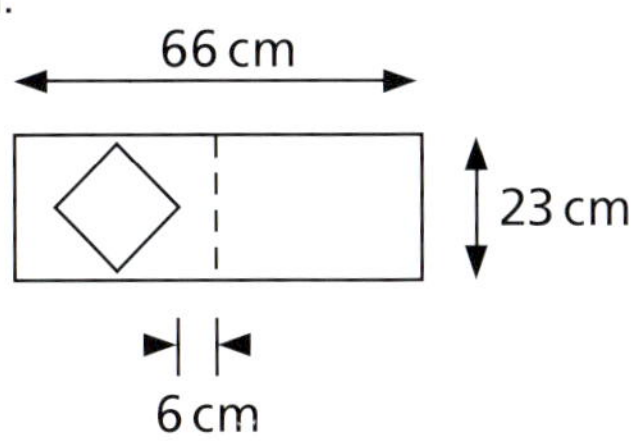

Stoff zusammenfalten und die Seitennähte schließen. Säckchen wenden. Die obere Kante zweimal etwa 1 cm nach innen legen und feststeppen. Die Kordel durch das grobe Gewebe des Rupfenstoffs ziehen.

Mond und Sterne

Größe des Motivs: 8,5 x 8,5 cm
Nähtechnik: Courthouse Steps

Bei dieser Variante des Log-Cabin-Blocks werden die Streifen nicht spiralförmig in Runden um ein Mittelquadrat genäht, sondern immer paarweise an die beiden, jeweils gegenüberliegenden Seiten.

Material

- ✓ Reste von Stoff mit großen Einzelmotiven
- ✓ Reste von naturfarbenem Stoff
- ✓ Reste von weiß gemustertem Stoff
- ✓ 20 cm Rupfenstoff
- ✓ 70 cm goldfarbene Kordel

So wird's gemacht

Schneiden Sie aus einem Stoff mit großen Einzelmotiven (Größe der Einzelmotive ca. 4 cm) ein Quadrat von 6 x 6 cm aus. Achten Sie dabei darauf, daß das Motiv mittig auf dem Quadrat plaziert ist. Aus dem naturfarbenen und dem gemusterten Stoff jeweils vier Streifen von etwa 10 cm Länge und 2,5 cm Breite schneiden. Nähen Sie die Streifen gemäß der Grafik (unten) um das Mittelquadrat.

Anschließend aus dem weiß gemustertem Stoff ein ausreichend großes Stück für die Rückseite ausschneiden. Beide Teile rechts auf rechts verstürzen. Dabei an einer Seite der Naht etwa 5 cm offen lassen. Den Block durch diese Öffnung wenden. Die restliche Naht von Hand verschließen.

Für das Säckchen ein Stück Rupfen in der Größe 17 x 90 cm zuschneiden. Setzen Sie den Block wie beim Sternensäckchen auf, jedoch beträgt der Abstand zur Mitte hier nicht 8, sondern 18 cm. Falten Sie den Stoff zusammen und schließen Sie die Seitennähte. Die obere Kante zweimal etwa 1 cm nach innen legen und feststeppen. Die Kordel durch das grobe Gewebe des Rupfenstoffs ziehen.

Christbaumdecke mit Nikoläusen

❖ ❖

Größe: 1 m Durchmesser
Nähtechnik: Maschinenapplikation

Material

- ✓ 110 cm cremefarbener Stoff mit goldenen Sternen
- ✓ 15 cm roter Stoff für die Weihnachtsmänner
- ✓ 10 cm weißer Stoff für Bart und Pelzbesatz
- ✓ Reste von schwarzem Stoff für Stiefel und Handschuhe
- ✓ Reste von naturfarbenem Stoff für Gesicht und Geschenksack
- ✓ Reste von zwei verschiedenen grünen Stoffen für Tannenbäume
- ✓ 110 cm Rückseitenstoff
- ✓ 110 cm Vlies
- ✓ 30 cm Vliesofix
- ✓ 5 m grünes Schrägband für die Endeinfassung

Angaben zum Stoffverbrauch basieren auf einer Stoffbreite von 110 cm.

Die Vorlagen in Originalgröße befinden sich auf Seite 46/47.

So wird's gemacht

Auf dem cremefarbenen Stoff mit Bleistift einen Kreis von 1 Meter Durchmesser markieren.

Mein Tip

Um einen Kreis zu zeichnen, knoten Sie an einen nicht elastischen Bindfaden einen Bleistift. Binden Sie in 50 cm Abstand zum Bleistift eine Schlaufe. Stoff auf den Boden legen, in die Mitte einen langen Nagel oder Stift halten und die Schlaufe darumlegen. Nun den Faden spannen und den Kreis mit dem eingeknoteten Bleistift markieren.

Vom Mittelpunkt aus einen 50 cm langen Einschnitt markieren. Dann, ebenfalls um den Mittelpunkt, einen Kreis mit 6,5 cm Radius markieren. Die Markierungen noch nicht einschneiden!

Schneiden Sie nach der Vorlage fünfmal den Nikolaus und sechsmal die Tannenbaumgruppe aus und verteilen sie die Motive gleichmäßig auf dem Trägerstoff; die untere Kante des Motivs liegt etwa 7 cm vom äußeren Kreisradius entfernt. Die Motive werden als Maschinenapplikation angebracht (siehe Seite 7).

Wenn alle Einzelteile aufgebracht sind, werden Vlies und Rückseitenstoff etwas größer als das Top zugeschnitten. Legen Sie zuerst den Rückseitenstoff aus, rechte Seite nach unten. Darauf werden das Vlies und das Top gelegt, rechte Seite oben. Alle drei Lagen mit Sicherheitsnadeln zusammenstecken. Rund um die applizierten Motive quilten. Danach alle markierten Bleistiftlinien schneiden.

Bringen Sie für die Endeinfassung das Schrägband in folgender Reihenfolge an: zuerst am äußeren Rand, dann am geraden Einschnitt. Zuletzt am inneren Rand; dabei das Schrägband am Anfang und Ende jeweils etwa 40 cm überhängen lassen (mit den Streifen wird die Decke später um den Tannenbaum gebunden). Wie alle Kanten werden auch die überhängenden Enden schmalkantig abgesteppt.

Zum Schluß die Augen der Weihnachtsmänner mit etwas brauner oder schwarzer Stoffmalfarbe aufmalen oder mit schwarzem Garn aufsticken.

Fliegender Engel

❖ ❖

Größe: 56 x 47 cm
Nähtechnik: Maschinenapplikation

Material

- ✓ 40 cm naturfarbener Stoff
- ✓ 10 cm gestreifter Stoff
- ✓ 25 cm kleinkarierter Stoff in Bordeaux
- ✓ 20 cm bordeauxroter Stoff (für die Endeinfassung)
- ✓ Reste von weißem Stoff für Flügel und Kleid
- ✓ Reste von dunkelbraunem Stoff für die Haare
- ✓ Reste von cremefarbenem Stoff für Hände, Füße und Gesicht
- ✓ Reste von bordeauxrotem Stoff für das Kleid
- ✓ Reste von rotem Stoff für das Kleid
- ✓ 75 cm Rückseitenstoff
- ✓ 20 cm Vliesofix
- ✓ 55 cm Vlies

Angaben zum Stoffverbrauch basieren auf einer Stoffbreite von 110 cm.

Die Vorlagen finden Sie auf Seite 46/47. Pausen Sie den Engel dort ab und vergrößern Sie ihn auf dem Kopierer um 10 %.

So wird's gemacht

Schneiden Sie aus dem naturfarbenen Stoff ein Stück von 45 x 35 cm zu. Darauf werden die nach der Vorlage zugeschnittenen Einzelteile des Engels als Maschinenapplikation aufgebracht (siehe Seite 7).

Nach dem Applizieren den Trägerstoff auf 42,5 x 33,5 cm zurückschneiden.

Für den Rand Streifen in folgenden Breiten zuschneiden:

- gestreifter Stoff 2,5 cm
- karierter Stoff 7,5 cm

Die Streifen werden wie bei der Tischdecke »Ohio Star« (siehe Seite 24) angebracht.

Applizieren Sie auf dem karierten Rand fünf Sterne aus naturfarbenem Stoff, die Sie zuvor gemäß der Vorlage zugeschnitten haben.

Rückseitenstoff und Vlies etwas größer als das Top zuschneiden. Zuerst den Rückseitenstoff auslegen, rechte Seite nach unten, darauf das Vlies und darauf das Top, rechte Seite nach oben. Alle drei Lagen mit Sicherheitsnadeln zusammenstecken.

Quilten Sie rund um die applizierten Motive und entlang der Randstreifen. Dann Vlies und Rückseitenstoff auf die Maße des Tops zurückschneiden und die Endeinfassung anbringen (siehe Seite 8).

Augen und Mund mit etwas Stoffmalfarbe aufmalen oder mit Garn aufsticken. Bringen Sie zum Schluß auf der Rückseite des Wandbehangs zwei Tunnel (oben und unten) für die Aufhängung an.

Wandschmuck mit Geschenkstiefelchen

Größe: 57 x 32 cm
Nähtechnik: Maschinenapplikation

So wird's gemacht

Schneiden Sie für den Wandbehang aus dem weißen Stoff mit den goldenen Pünktchen ein Stück von 65 x 35 cm zu. Darauf bringen Sie den Nikolaus und den Schlitten nach Vorlage als Maschinenapplikation an (siehe Seite 7).

Wenn das Motiv appliziert ist, wird der Trägerstoff an der oberen Kante in Halbkreisform geschnitten; an der Vorlage orientieren.

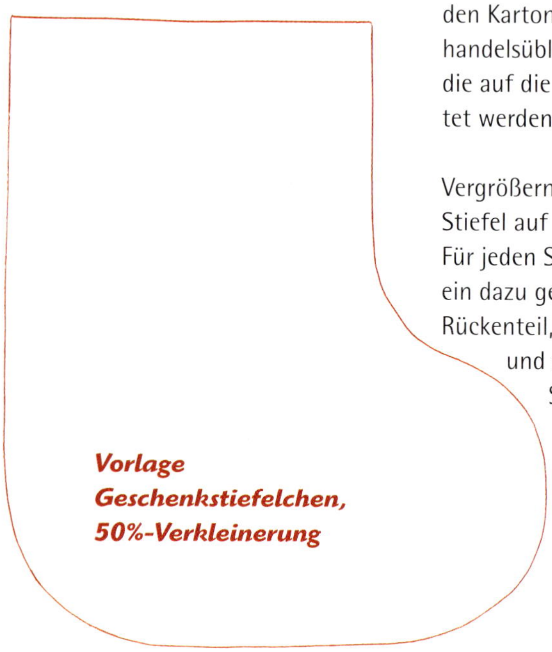

Vorlage Geschenkstiefelchen, 50%-Verkleinerung

Rückseitenstoff und Vlies etwas größer als das Top zuschneiden und die drei Lagen montieren.

Quilten Sie rund um den Nikolaus und den Schlitten. Anschließend werden die Landschaftslinien gequiltet. Schneiden Sie Vlies und Rückseitenstoff auf die Größe des Tops zurück und bringen Sie die Endeinfassung aus grünem Schrägband an.

Damit Sie diesen halbkreisförmigen Quilt formstabil aufhängen können, müssen Sie auf der Rückseite ein festes Stück Karton befestigen. Schneiden Sie die Pappe etwas kleiner zu als den Quilt. Der Karton wird mittels Klettband auf dem Stoff fixiert. Nähen Sie dazu einige Streifen auf den Quilt und kleben Sie die Gegenstücke auf den Karton. Als Aufhänger können handelsübliche Bildaufhänger dienen, die auf die Pappe geklebt oder geheftet werden.

Vergrößern Sie die Vorlage für den Stiefel auf dem Kopierer um 200 %. Für jeden Stiefel werden ein Vorderteil, ein dazu gegengleich geschnittenes Rückenteil, zwei Teile für das Futter und zwei Teile Vlies benötigt. Schneiden Sie also für die vier Stiefel nach der Vorlage folgende Teile zu:

- je 4 Vorder- und Rückteile außen
- je 4 Vorder- und Rückteile Futter
- je 8 Vliesstücke.

Material

- ✓ 40 cm weißer Stoff mit goldenen Pünktchen
- ✓ Reste von weißem Stoff für Bart und Pelzbesatz
- ✓ Reste von rotem Stoff für Mütze und Mantel
- ✓ Reste von schwarzem Stoff für Stiefel und Handschuhe
- ✓ Reste von naturfarbenem Stoff für das Gesicht
- ✓ Reste von naturfarben-gemustertem Stoff für Rucksack und Schlitten
- ✓ Reste von braunem Stoff für die Schlittenkufen
- ✓ 20 cm Vliesofix
- ✓ 40 cm Rückseitenstoff
- ✓ 60 cm Vlies (inkl. Material für die Stiefel)
- ✓ 2 m grünes Schrägband
- ✓ 53 x 28 cm fester Karton
- ✓ 70 cm Klett-Filzband
- ✓ 40 cm grün gemusterter Stoff für die Stiefel (auch für das Futter)

Angaben zum Stoffverbrauch basieren auf einer Stoffbreite von 140 cm.

Die Nahtzugabe von 0,75 cm ist in der Vorlage bereits enthalten. Schneiden Sie das Vlies etwas größer als Außen- und Futterstoff zu.
Legen Sie nun ein Außenteil des Stiefels mit der rechten Seite nach oben auf das Vlies. Darauf wird dann das Futterteil mit der linken Seite nach oben gelegt. Nähen Sie die obere Kante füßchenbreit zusammen. Vlies an der oberen Kante bis an die Naht zurückschneiden und den Futterstoff umklappen. Schneiden Sie erst dann das Vlies passend. Arbeiten Sie ein gegengleiches Stück genauso (siehe Grafik rechts außen).

Die Vorlage für die Applikation finden Sie auf Seite 46/47.

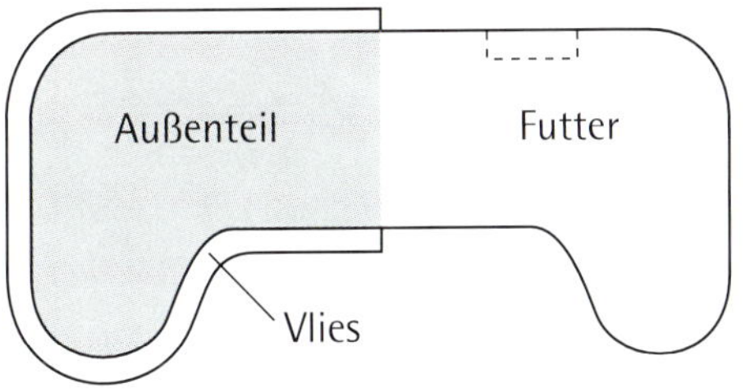

Legen Sie nun die beiden Teile rechts auf rechts aufeinander und nähen Sie sie füßchenbreit zusammen, dabei einen Aufhänger aus 10 cm Schrägband mitfassen.

Lassen Sie am hinteren Futterteil etwa 10 cm Naht zum Wenden offen.

Das Vlies bis an die Naht zurückschneiden. In der Innenkurve die Nahtzugabe der Stoffe bis an die Nahtlinie mehrfach einschneiden. Wenden Sie den Stiefel und schließen Sie die restliche Naht von Hand. Stecken Sie das Futter in den Stiefel. Die vier Stiefel werden dann mit dem Aufhänger am Wandbehang festgenäht.

Großer Quilt

❖ ❖ ❖

Größe: 160 x 210 cm
Nähtechnik: Flying Geese

Material

- ✓ 375 cm grüner Stoff (inkl. der Endeinfassung)
- ✓ 150 cm hellgrundig gemusterter Stoff
- ✓ 40 cm roter Stoff
- ✓ 340 cm Rückseitenstoff
- ✓ 180 x 220 cm Vlies

Angaben zum Stoffverbrauch basieren auf einer Stoffbreite von 140 cm.

So wird's gemacht

Um die äußeren grünen Randstreifen und die Endeinfassung ohne zusätzliche Ansatznaht arbeiten zu können, empfiehlt es sich, zuerst jeweils vier Streifen mit 215 cm Länge und 15,5 cm Breite (für den breiten grünen Rand) und mit 215 cm Länge und 6,5 cm Breite (für die Endeinfassung) zuzuschneiden. Erst dann die restlichen Teile für den Quilt zuschneiden. Beginnen Sie dabei mit den größeren Teilen und schneiden Sie erst dann die kleineren Teile zu – so wird der Verschnitt reduziert.

Schneiden Sie folgende Teile zu:

aus gemustertem Stoff:
- 35 Quadrate 13,5 x 13,5 cm
- 35 Quadrate 9,5 x 9,5 cm, diese diagonal vierteln

aus grünem Stoff:
- 2 Quadrate 16,5 x 16,5 cm (als Eckquadrate)
- 13 Rechtecke 13,5 x 16,5 cm (als Rechtecke am Rand)
- 20 Quadrate 13,5 x 13,5 cm
- 140 Quadrate 5,5 x 5,5 cm, diese diagonal halbieren
- 140 Quadrate 4,5 x 4,5 cm
- 54 Rechtecke 4,5 x 10,5 cm (für die Zwischenstreifen)
- 32 Rechtecke 4,5 x 7,5 cm (für den Randabschluß der Zwischenstreifen)

Mein Tip

Wenn Sie die geviertelten Dreiecke zuschneiden, belassen Sie den Stoff in der ursprünglichen Lage auf Ihrer Schneidematte. Drehen Sie besser die Matte selbst, um den nächsten Schnitt anzusetzen. So vermeiden Sie, daß sich der Stoff verzieht.

Die 140 Dreiecke aus dem gemusterten Stoff werden mit den 280 grünen Dreiecken als Flying-Geese-Block zusammengesetzt. Nähen Sie dazu füßchenbreit an einer kurzen Seite des gemusterten Dreiecks die lange Seite eines grünen Dreiecks fest und klappen Sie es um. An der gegenüberliegenden kurzen Seite wird ebenso ein grünes Dreieck angenäht und umgeklappt. Insgesamt 140 Blöcke nähen.

Legen Sie 70 dieser fertigen Blöcke beiseite; sie werden später für die Zwischenstreifen benötigt. An die anderen

70 Flying-Geese-Blöcke wird rechts und links jeweils ein grünes Quadrat von 4,5 x 4,5 cm genäht.

Diese 70 Blöcke werden nun füßchenbreit an jeweils zwei gegenüberliegende Seiten der großen Quadrate aus dem gemusterten Stoff genäht. Es ergeben sich so 35 Halbsterne.

Nach folgender Grafik vier Reihen nähen, die pro Reihe aus vier Halbsternen und drei Quadraten von 13,5 x 13,5 cm bestehen.

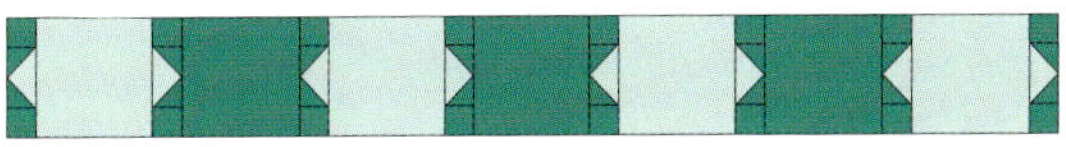

Nähen Sie dann vier Reihen, die mit einem 13,5 x 16,5 cm großen Rechteck beginnen und enden und bei denen zwischen drei Halbsternen zwei 13,5 x 13,5 cm große Quadrate liegen.

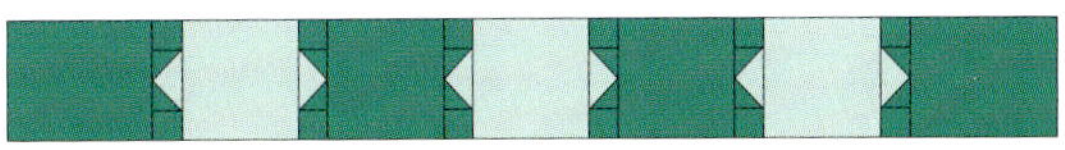

Für die obere und untere Abschlußreihe ist es erforderlich, an den sieben verbleibenden Halbsternen jeweils einen zusätzlichen Flying-Geese-Block anzubringen. Dafür an sieben der bereits gefertigten Flying-Geese-Blöcke beidseitig ein grünes 4,5 x 7,5 cm großes Rechteck füßchenbreit annähen.

Vernähen Sie nun die Halbsterne mit diesen Streifen zu Dreiviertelsternen.

Für die oberste Reihe des Quilts werden vier dieser Dreiviertelsterne mit drei grünen, 13,5 x 16,5 cm großen Rechtecken zu einer Reihe zusammengefügt.

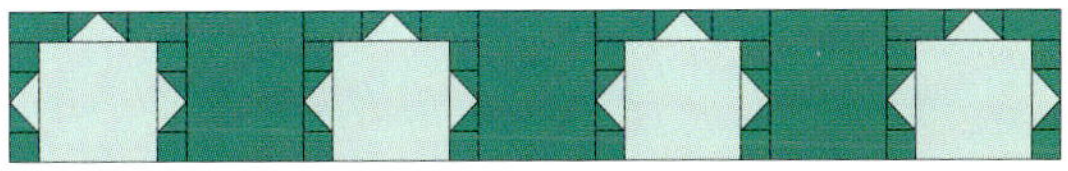

Fügen Sie für die unterste Reihe des Quilts drei Dreiviertelsterne mit zwei grünen, 16,5 x 16,5 cm großen Quadraten und zwei grünen, 13,5 x 16,5 cm großen Rechtecken zu einer Reihe zusammen.

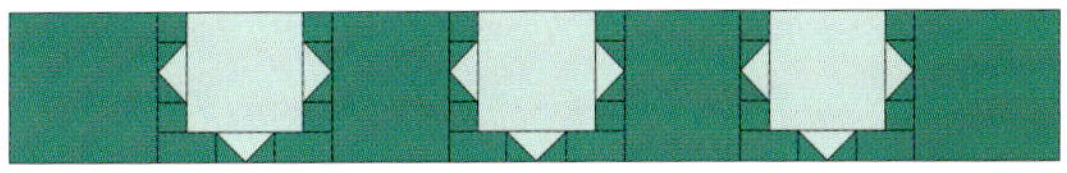

Anschließend die verbindenden Zwischenstreifen fertigen. Für die insgesamt neun Zwischenstreifen werden die restlichen 63 Flying-Geese-Elemente benötigt. Jeder Streifen beginnt und endet mit einem grünen Rechteck von 4,5 x 7,5 cm. Dazwischen wechseln sich sieben Flying-Geese-Blöcke mit sechs grünen Rechtecken von 4,5 x 10,5 cm ab.

Nun werden die großen Streifen mit den Halb- und Dreiviertelsternen und die Zwischenstreifen zusammengesetzt. Drehen Sie dabei jeden zweiten Zwischenstreifen um 180°.

Zusätzlich zu den bereits geschnittenen Streifen werden für den Rand Streifen in folgenden Breiten benötigt:

- grüner Stoff: 6 Streifen 7,5 cm
- gemusterter Stoff: 6 Streifen 5 cm
- roter Stoff: 6 Streifen 5 cm

Nähen Sie für die Längsseiten je zwei Streifen zu einem langen Streifen zusammen.

Die Randstreifen in der unten gezeigten Reihenfolge annähen.

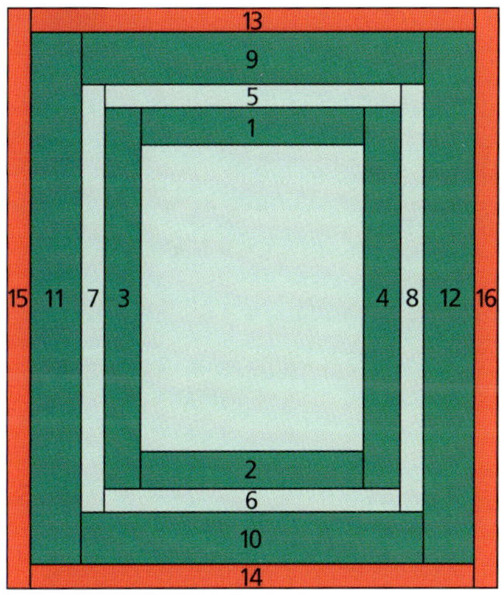

Teilen Sie den Rückseitenstoff quer zur Hälfte und nähen Sie die beiden Bahnen längs zusammen. Vlies und Rückseitenstoff etwas größer als das Top zuschneiden. Montieren Sie die drei Lagen und quilten Sie diagonal durch die Sterne und zwischen den Sternen. Die Randstreifen im Nahtschatten quilten. Auf den breiten grünen Rand wird ein Rautenmuster gequiltet.

Schneiden Sie Vlies und Rückseitenstoff auf das Maß des Tops zurück und bringen Sie die Endeinfassung an (siehe Seite 8).

Große Nikolausstiefel

❖ ❖

Größe: 38 cm hoch
Nähtechnik: Crazy

Material

Rot-grüner Stiefel:
- ✓ Reste von rotem, grünem und hellem Weihnachtsstoff
- ✓ 30 cm Thermolam Vlies
- ✓ 30 cm roter Stoff für das Futter

Stiefel in Natur und Weiß:
- ✓ Reste von naturfarbenem und weißem Weihnachtsstoff
- ✓ 30 cm Thermolam Vlies
- ✓ 30 cm weißer Stoff für das Futter

So wird's gemacht

Es gibt verschiedene Crazy-Techniken. Hier ist eine einfache Einstiegstechnik beschrieben.

Schneiden Sie für den Crazy-Block ein unregelmäßiges Fünfeck zu. An eine Seite dieses Fünfecks einen unregelmäßig breiten Streifen füßchenbreit annähen. Den Streifen umklappen und die Naht ausbügeln. Die seitlichen Kanten beider Stücke mit dem Rollschneider in eine Linie bringen.
Das nächste Stoffstück bündig an eine der geraden Außenkanten legen und füßchenbreit annähen. Wieder umklappen, ausbügeln und die Außenkante begradigen.

Mit weiteren Stoffteilen fortfahren, bis der Block die gewünschte Größe erreicht hat. Bei einer länglichen Form ist es sinnvoll, zwei Crazy-Blöcke zu fertigen und diese anschließend mit einer Naht zu verbinden.

Die Vorlage für den Stiefel auf dem Kopierer um 200 % vergrößern.

Schneiden Sie die Stiefelform aus dem Crazy-Block heraus; pro Stiefel werden zwei gegengleiche Teile benötigt.

Für das Futter ebenfalls zwei gegengleiche Teile gemäß Vorlage zuschneiden. Die beiden Thermolam-Teile etwas größer als den Stoff zuschneiden.

Legen Sie auf das Vlies ein Außenteil des Stiefels, rechte Seite nach oben. Darauf legen Sie das Futterteil, linke Seite nach oben. Die obere Kante füßchenbreit nähen. Vlies an der oberen Kante bis an die Naht zurückschneiden. Klappen Sie das Futter um

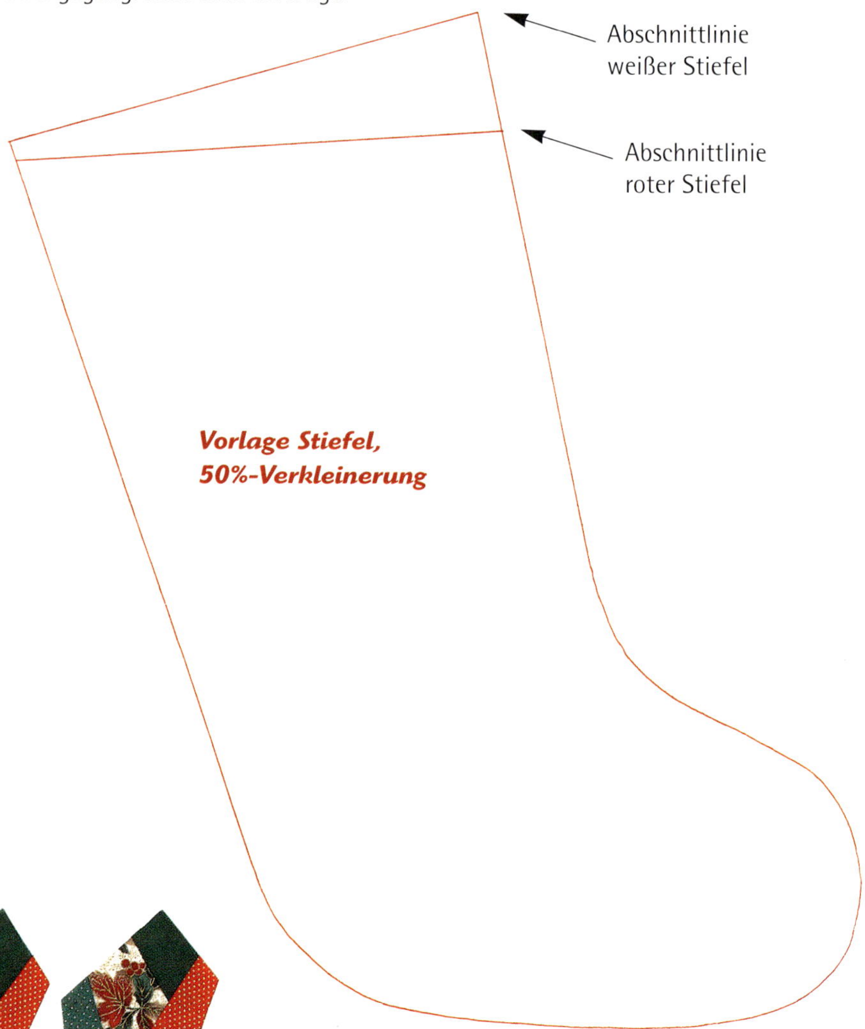

Vorlage Stiefel, 50%-Verkleinerung

und schneiden Sie erst dann das restliche Thermolam passend. Arbeiten Sie ein gegengleiches Stück genauso (vgl. »Wandschmuck mit Geschenkstiefelchen«, Seite 34). Auf der Vorder- und Rückseite des Stiefels nach Wunsch in einigen Bereichen im Schatten der Naht quilten.

Fertigen Sie aus einem 10 cm langen und 3,5 cm breiten Stoffstreifen einen Aufhänger. Dazu den Streifen der Länge nach falten und an der offenen Kante füßchenbreit zusammennähen.

Die beiden Stiefelteile rechts auf rechts aufeinanderlegen und nähen, dabei den Aufhänger mitfassen. Am hinteren Futterteil etwa 10 cm Naht zum Wenden offen lassen. Vlies bis an die Naht zurückschneiden. In der Innenkurve die Nahtzugabe bis an die Nahtlinie mehrfach einschneiden. Stiefel wenden und die restliche Naht von Hand schließen.

Mein Tip

Sie können die Schaftenden der Stiefel mit einem schmalen und einem breiten Streifen versehen oder abschrägen.

Lustiger Santa Claus

❖ ❖ ❖

Größe: 18 cm hoch
Nähtechnik: Nähen nach Zahlen

Material

- ✓ 25 cm rot gemusterter Weihnachtsstoff
- ✓ Reste von weißem Stoff (Bart, Mütze, Handschuhe)
- ✓ Reste von naturfarbenem Stoff (Gesicht)
- ✓ Reste von schwarzem Stoff (Gürtel, Stiefel)
- ✓ 45 cm dünnes rotes Satinband
- ✓ 25 cm Stickvlies
- ✓ 1 Bommel
- ✓ Füllwatte

Angaben zum Stoffverbrauch basieren auf einer Stoffbreite von 100 cm.

So wird's gemacht

Die laufenden Nummern im Schnittmuster zeigen die Reihenfolge, in der die Stoffstücke vernäht werden. Die eingezeichneten Linien innerhalb des Motivs entsprechen den Nahtlinien.

Zeichnen Sie die Vorlage auf Stickvlies und schneiden Sie den ganzen Nikolaus mit rundum 0,75 cm Nahtzugabe aus.

Für das Gesicht aus naturfarbenem Stoff Teil 1 so groß zuschneiden, daß ringsherum eine Nahtzugabe von 0,75 cm bleibt.

Stecken Sie das Stoffstück auf der Rückseite des Stickvlieses an der passenden Stelle fest, rechte Seite nach oben.

Schneiden Sie für Teil 2 (den Bart) einen weißen, 3,5 cm breiten Stoffstreifen zu und legen Sie ihn rechts auf rechts auf Teil 1. Fixieren Sie die Nahtlinie mit Stecknadeln. Die Vorlage umdrehen und entlang der Nahtlinie, zwischen den Feldern 1 und 2 mit sehr kleinen Stichen nähen. Bei einer Stichlänge von 1,5 läßt sich das Stickvlies später gut entfernen.

Die Stecknadeln an der Nahtlinie entfernen, den weißen Streifen umklappen, bügeln und entsprechend der Vorlage so abschneiden, daß zu den Teilen 3, 4 und 15 jeweils 0,75 cm Nahtzugabe stehen bleiben.

Nähen Sie in der gleichen Technik die nachfolgenden Teile auf das Stickvlies, bis es komplett bedeckt ist.

Schneiden Sie Stoffteile zurück, die über die Nahtzugabe am Stickvlies überstehen. Stickvlies entfernen.

Die Rückseite aus dem roten Weihnachtsstoff entsprechend der Größe der Vorderseite zuschneiden. Vorder- und Rückseite rechts auf rechts zusammenlegen und rundum füßchenbreit nähen; zwischen den Beinen ein kleines Stück der Naht zum Wenden offenlassen.

Die Innenecken bis kurz vor die Naht einschneiden. An den Außenecken (Mütze, Hände, Stiefel) die Nahtzugabe bis kurz vor die Naht zurückschneiden (siehe Grafiken).

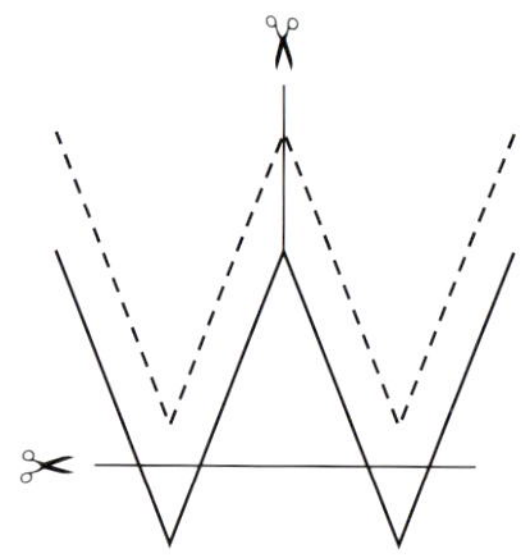

Damit die Spitzen später sauber herauskommen empfiehlt es sich, die Nahtzugabe an den Außenecken nochmals schräg abzuschneiden. Achten Sie dabei immer darauf, daß die Naht selbst nicht beschädigt wird.

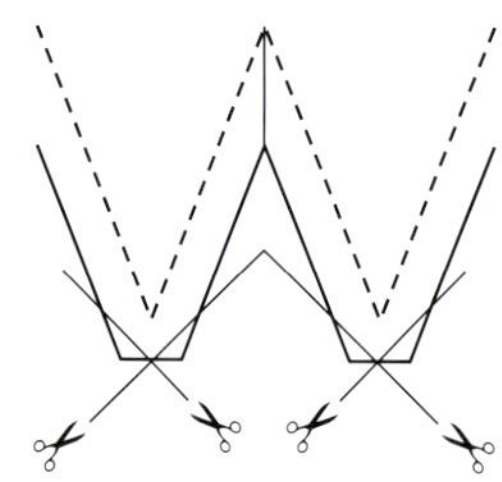

Nikolaus wenden. Mit Füllwatte ausstopfen und die offene Naht von Hand schließen. Oben an die Mützenspitze Satinband und Bommel annähen. Augen und Nase mit etwas Stoffmalfarbe aufmalen oder mit Garn aufsticken.

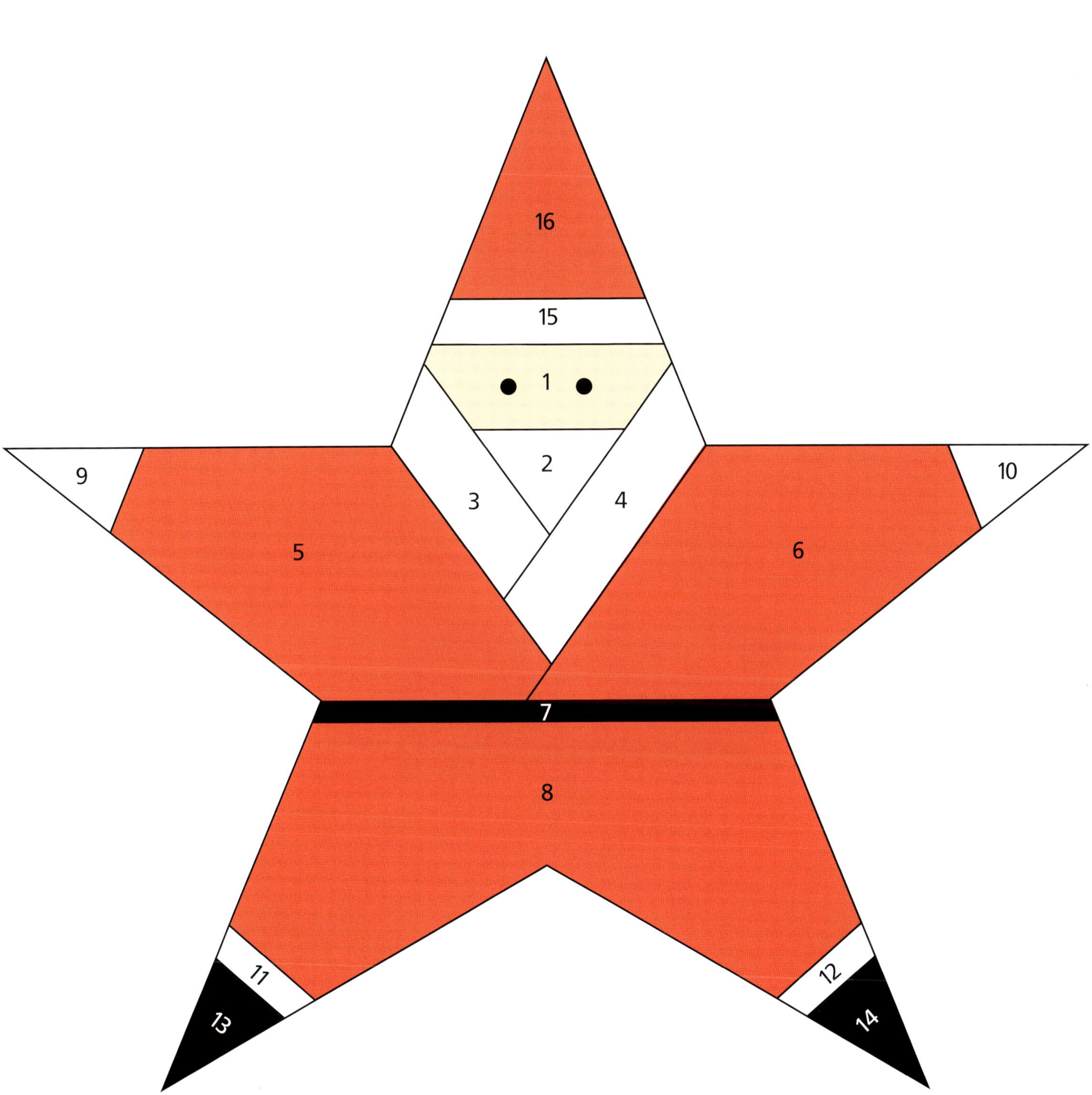
16
15
1
2
3
4
9
10
5
6
7
8
11
12
13
14

Kleine Nikoläuse

❖ ❖

Größe: 10 cm hoch

Nähtechnik: Rasterquick 60°-Dreiecke

Material

- ✓ Reste naturfarbener Stoff
- ✓ Reste weißer Stoff
- ✓ Reste roter Stoff
- ✓ Rasterquick Dreieck
- ✓ Bommel
- ✓ 2 kleine Holzperlen
- ✓ Füllwatte oder Reis
- ✓ Dreiecklineal

So wird's gemacht

Schneiden Sie folgende Teile zu:

- naturfarbener Stoff: 1 Dreieck, Höhe 5,75 cm (Gesicht)
- weißer Stoff: 1 Dreieck, Höhe 4,25 cm (Bart)
- roter Stoff: 3 Dreiecke, Höhe 8,0 cm (Randdreiecke)
- roter Stoff: 2 Dreiecke, Höhe 12,5 cm (Seitenteile)
- weiße Streifen, Breite 3,0 cm (Pelzbesatz)
- 2 rote Streifen, 8,0 x 14,0 cm (Bodenplatte)

Die Dreiecke werden im 60°-Winkel zugeschnitten. Verwenden Sie dazu ein Dreiecklineal (z.B. »CLEAR-VIEW-Dreiecklineal METRISCH«).

Die Vorderseite wird auf das Rasterquick genäht. Dazu das Rasterquick mit der entsprechenden Anzahl der Rauten plus Nahtzugabe von 0,75 cm zuschneiden; orientieren Sie sich an der Grafik (nächste Seite oben).

Nähen Sie die Teile in der angegebenen Reihenfolge auf das Rasterquick. Die Nähtechnik ist die gleiche wie bei dem »Lustigen Santa Claus« auf Seite 40. Der einzige Unterschied besteht darin, daß Sie sich beim Nähen an den Rasterquick-Linien orientieren.

Nach Fertigstellung des Vorderteils die Nahtzugabe am Rasterquick auf exakt 0,75 cm zurückschneiden und mit den zwei großen Seitenteilen zu einer Pyramide zusammennähen. Dabei nur bis zu den Nahtpunkten nähen und die Nähte verriegeln.

Für die Bodenplatte die beiden roten Streifen mit großen Stichen füßchenbreit an den Längsseiten zusammennähen. Daraus ein gleichseitiges Dreieck mit einer Höhe von 12,5 cm zuschneiden.

Trennen Sie die Naht in der Mitte wieder auf. Diese Öffnung benötigen Sie später zum Wenden.

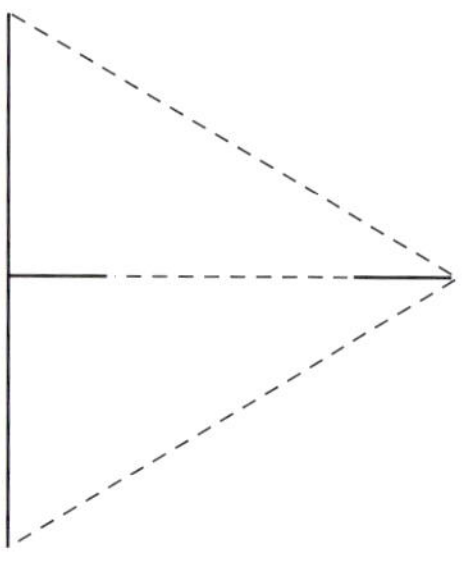

Setzen Sie die Bodenplatte rechts auf rechts in die Pyramide ein. Nähen Sie dabei nur bis zu den Nahtpunkten und verriegeln Sie dann die Nähte.

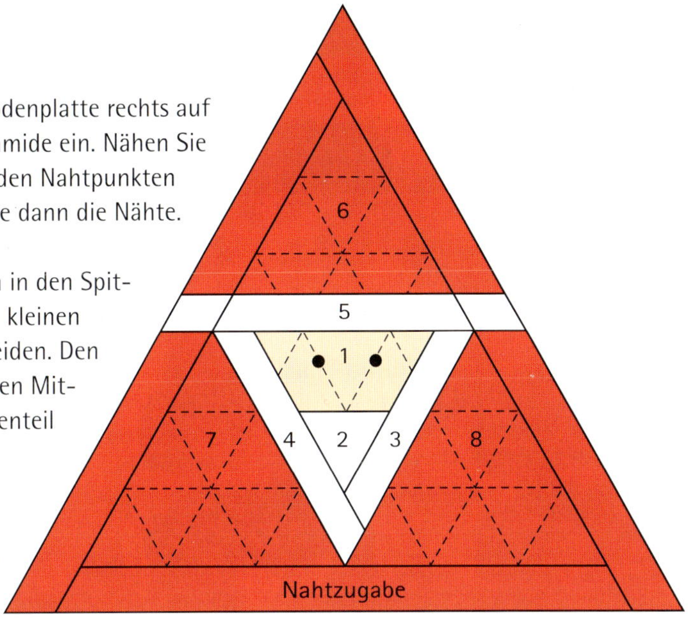

Die Nahtzugaben in den Spitzen bis auf einen kleinen Rest zurückschneiden. Den Nikolaus durch den Mittelschlitz im Bodenteil wenden und mit Füllwatte füllen. Schließen Sie dann mit kleinen Stichen den Schlitz im Bodenteil von Hand. Für die Augen zwei kleine Holzperlen aufnähen; die Spitze der Mütze erhält einen kleinen Bommel.

Für die Vorderseite des kleinen Aufstellers schneiden Sie die Teile wie folgt zu:

- naturfarbener Stoff: 1 Dreieck, Höhe 4,25 cm (Gesicht)
- weißer Stoff: 1 Dreieck, Höhe 3,5 cm (Bart)
- roter Stoff: 3 Dreiecke, Höhe 6,0 cm (Randdreiecke)
- 3 weiße Streifen, Breite 3,0 cm (Pelzbesatz)

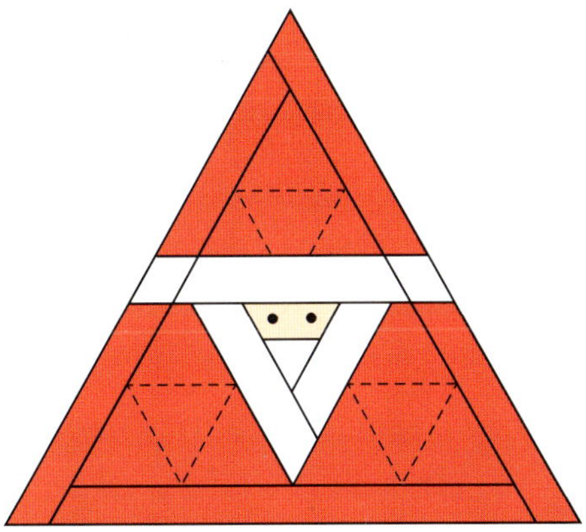

Ansonsten wird der kleine Nikolaus genauso wie der große auf Rasterquick gearbeitet.

Sie können den Nikolaus auch als Anhänger fertigen. Die Vorderseite wird dabei wie die Vorderseite des großen Aufstell-Nikolauses gearbeitet.

Die Rückseite wird entsprechend der Größe der Vorderseite zugeschnitten. Für den Aufhänger ein Stück rotes Satinband 15 cm lang zuschneiden. Vorder- und Rückseite rechts auf rechts stecken, Aufhänger als Schlaufe innen dazwischenlegen. Dieses Set auf zwei Lagen dickes Volumenvlies stecken und füßchenbreit zusammennähen, dabei an der unteren Kante ca. 5 cm Naht zum Wenden geöffnet lassen.

Schneiden Sie das Vlies bis an die Naht zurück. Die Nahtzugabe an den Ecken zurückschneiden. Nikolaus wenden und die restliche Naht von Hand schließen. Für die Augen zwei kleine Holzperlen aufnähen.

Sternen-anhänger

❖ ❖

Größe: 15 cm Durchmesser
Nähtechnik: Schablonen und 60°-Winkel

Material
(für 4 bis 6 Anhänger)

- ✓ 30 cm weißer Stoff
- ✓ 30 cm naturfarbener Stoff
- ✓ 30 cm dickes Vlies
- ✓ dünnes Satinband (für die Aufhängung)

Angaben zum Stoffverbrauch basieren auf einer Stoffbreite von 140 cm.

So wird's gemacht

Die modellspezifischen Anleitungen erklären Ihnen, wie jeder Stern gefertigt wird. Für alle Modelle gelten die nachfolgenden Hinweise zur Fertigstellung:

Vorder- und Rückseite jeweils rechts auf rechts aufeinanderstecken. Ein 14 cm langes Satinband als Anhängeschlaufe dazwischen legen; Schlaufe liegt innen.

Dieses Set dann auf ein grob zugeschnittenes Stück dickeres Vlies stecken. Füßchenbreit zusammennähen, dabei ein Stückchen Naht zum Wenden geöffnet lassen.

Die Innen- und Außenecken werden wie beim »Lustigen Santa Claus« (Seite 40) zurück- bzw. eingeschnitten. Stern wenden und die restliche Naht von Hand schließen.

Mein Tip

Einige Modelle werden in Streifentechnik gefertigt. Für andere Modelle wird eine Metallschablone benötigt (Hexagon mit Raute, Größe 4,6). Bezugsadresse dafür: Agentur Ginie Curtze, Am See 21, 78465 Konstanz, Tel. 07531 – 45 374

Modell 1

Diese einfache Sternform setzt sich aus sechs farblich wechselnden Rauten zusammen. Schneiden Sie mit Hilfe der Rautenschablonen sechs weiße und sechs naturfarbene Rauten aus. Dabei mit dem Rollschneider direkt an der Kante der Metallschablone entlang schneiden. Die Metallschablone enthält innen Aussparungen, durch die die Nahtlinien eingezeichnet werden können. Zuerst jeweils drei Rauten zu einer Sternenhälfte zusammensetzen (weiß, natur, weiß – dann natur, weiß, natur). Diese zwei Hälften durch eine Mittelnaht verbinden. Diesen Vorgang für die Rückseite wiederholen.

Modell 2

Mit der nachfolgenden Technik können Sie ganz unterschiedliche Sterne zusammensetzen. Entweder ist das Zentrum andersfarbig als die Strahlen, oder Strahlen und Zentrum sind gegengleich gefärbt. Schneiden Sie für jeden Stern jeweils einen 6,5 cm breiten Streifen aus weißem und naturfarbenem Stoff zu. Füßchenbreit aneinandernähen.

Markieren Sie mit einem permanenten Stift auf der Metallschablone eine querlaufende Mittellinie. Plazieren Sie die Schablone so auf dem Streifen, daß die Mittellinie der Schablone über die Mittelnaht läuft.

Pro Stern zwölf Rauten ausschneiden (jeweils sechs für Vorder- und Rückseite). Je nach gewünschtem Farbwechsel die Rauten zu zwei Dreiersätzen zusammensetzen und über die Mittelnaht verbinden. Vorgang für die Rückseite wiederholen.

Modell 3

Bei diesem Stern sind die Strahlen schräg in zwei Farbfelder aufgeteilt. Nähen Sie für einen Stern einen 3,5 cm breiten Streifen aus weißem und einen ebenso breiten aus naturfarbenem Stoff füßchenbreit aneinander.

Auf der Metallschablone mit einem permanenten Stift eine schräg verlaufende Mittellinie einzeichnen.

Die Schablone so auf den Streifen legen, daß die Mittellinie der Schablone über die Mittelnaht läuft. Für die Vorderseite sechs Rauten ausschneiden.

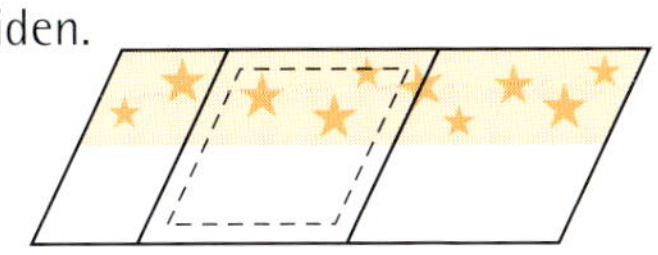

Für die Rückseite ebenfalls sechs Rauten ausschneiden, jedoch muß dafür die Schablone in die andere Richtung zeigen.

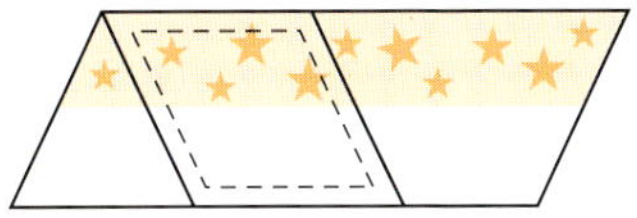

Setzen Sie die sechs Rauten für die Vorderseite zu zwei Dreiersätzen zusammen und verbinden Sie diese über die Mittelnaht. Vorgang für die Rückseite wiederholen.

Modell 4

Dieser Stern mit seinen mit Rautenmuster versehenen Strahlen wird in Streifentechnik ohne Schablone gearbeitet. Schneiden Sie dazu jeweils einen 3,5 cm breiten Streifen aus weißem und naturfarbenem Stoff zu; füßchenbreit längs aneinandernähen. Das Set in einem 60°-Winkel anschneiden und zwölf 3,5 cm breite Stücke abschneiden.

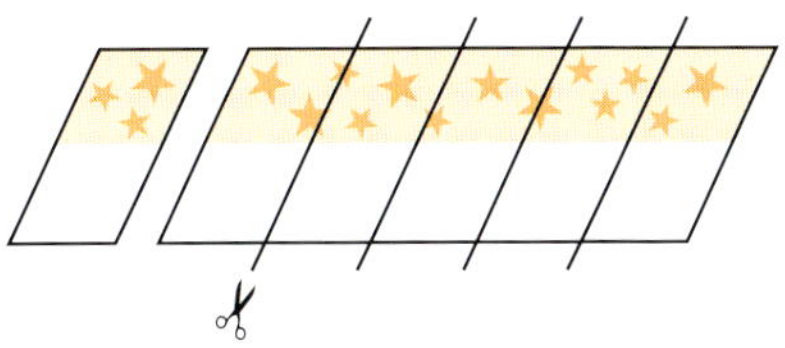

Überprüfen Sie beim Schneiden immer wieder, ob der 60°-Schneidewinkel noch exakt stimmt, da sich der Stoff beim Schneiden verziehen kann.

Je nach Anordnung der Streifen zueinander erhält der Stern eine andere Optik.

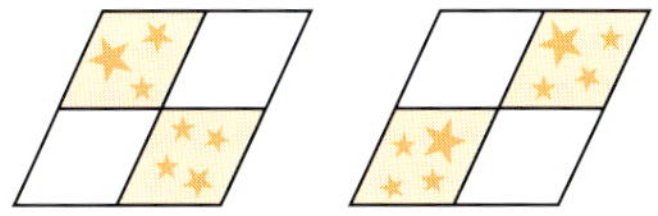

Schneiden Sie die Rückseite entweder aus einem einzigen Stück Stoff, oder fertigen Sie einen Stern analog zur Vorderseite. Beachten Sie, daß dann die Streifen gegengleich zur Vorderseite geschnitten werden müssen, wenn die gleiche Optik erzielt werden soll.

Modell 5

Dieses Modell, bei dem das sternförmige Zentrum von andersfarbigen Zacken umgeben wird, ist in Streifentechnik ohne Schablone gearbeitet. Schneiden Sie jeweils einen 3,5 cm breiten Streifen aus weißem und naturfarbenem Stoff und nähen Sie diese füßchenbreit längs aneinander.

Schneiden Sie das Set in einem 60°-Winkel an; sechs 3,5 cm breite Stücke abschneiden (vgl. Modell 4). Zusätzlich einen 3,5 cm breiten Streifen schneiden, je nach Farbwunsch aus weißem oder naturfarbenem Stoff. Davon sechs 10 cm lange Stücke abschneiden. Nähen Sie jeweils einen Abschnitt an die Außenkanten eines der zuvor geschnittenen 60°-Streifen. Schneiden Sie den Block rautenförmig zu.

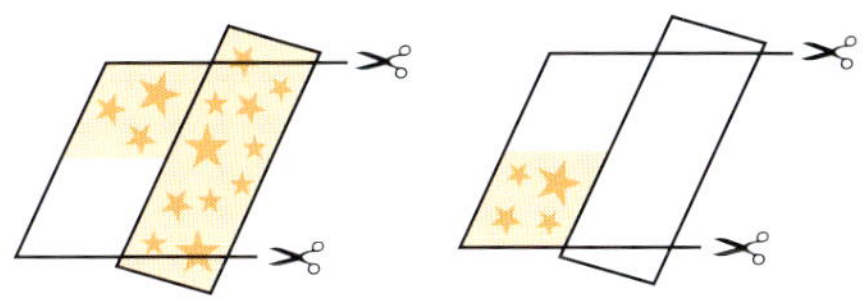

Fertigen Sie die Rückseite entweder aus einem einzigen Stück Stoff, oder aus einem Stück analog zur Vorderseite. Wenn Sie sich für letzteres entscheiden, müssen die Streifen gegengleich zur Vorderseite geschnitten werden.

Vorlage Christbaumdecke, S. 30, Originalgröße

Vorlage Wandschmuck, S. 34, 70 % Verkleinerung

Vorlage Engel, S. 32,
90%-Verkleinerung

Die Deutsche Bibliothek –
CIP-Einheitsaufnahme

Weihnachtsideen aus Stoff : Patchwork,
Applizieren und andere Nähtechniken /
Christa Rolf. –
Augsburg : Augustus-Verl., 1999
ISBN 3-8043-0691-8

Fotografie: Christian Kargl, München
Lektorat: Christopher Hammond, München
Projektleitung: Margit Bogner
Umschlagkonzeption: Kontrapunkt, Kopenhagen
Graphiken: Petra Körner, Augsburg
Herstellung und Umschlaglayout:
Charmaine Müller
Layout: Anton Walter, Gundelfingen

Augustus Verlag Augsburg 1999

Satz: Gesetzt aus 10 Punkt Rotis von
DTP-Design Walter, Gundelfingen
Reproduktion: GAV Prepress, Gerstetten
Druck und Bindung: Appl, Wemding

Gedruckt auf 135 g umweltfreundlich chlorfrei gebleichtes Papier.

ISBN 3-8043-0691-8

Printed in Germany

Für weitere Informationen oder Kontakte
wenden Sie sich bitte an die
Patchwork Gilde
Zum Weißen Feld 1
49179 Ostercappeln
Tel: 0 54 73 / 81 25

Stoffe und Zubehör erhalten Sie
im Fachhandel oder auf Bestellung bei
Yolande Machemer
Königsteiner Str. 20 a
65812 Bad Soden a. Ts.
Tel: 06 196 / 611 92